*A elles
Rayonnantes comme des muses…*

*Que pense tu belle enfant
De l'arrivée du Printemps ?
Voilà donc qu'il virevolte
Sur le seuil de ma roulote
Cligne tes yeux belle enfant
La poussière est dans le vent
Au jeu de colin Maillard
Laisse donc faire le hasard
Ne regarde pas derrière
Les soubresauts de l'hiver
Ce livre est une part de rêve
Qui s'échoue là, sur ta grève*

Le Printemps

Autobiographie

Je n'ai jamais compris comment on peut être assez prétentieux et imbu de sa personne pour oser écrire sa biographie !
Ou on a du talent ou on n'en a pas ! si on a quelque talent, les souvenirs, les rencontres, les lieux visités deviendront les décors de récits susceptibles d'intéresser d'éventuels lecteurs.
Ce sera la condition nécessaire mais pas suffisante. Pour devenir un chef d'œuvre, le récit descriptif d'une vie, devra s'enjoliver des parures de l'imaginaire.
Je ne sache pas qu'Hemingway ait expliqué son enfance, sa scolarité, ses premiers émois ou même sa vie conjugale. Ce que le talent permet c'est de composer un tableau dans lequel on place quelques souvenirs mais surtout quelques émotions.
Pour ma part je me délecte de cette vie sans intérêt qui est la mienne et surtout du temps passé à produire, sans réfléchir, de la « richesse-vie », sans me retourner. Né au mauvais moment au mauvais endroit, j'ai dû d'abord me faire un cocon dans un environnement hostile, sans amour et sans affection, et le monde des adultes m'est apparu comme quelque chose de rebutant. Ceux que je ne connaissais pas se faisaient la guerre, ceux qui étaient, soi-disant, mes parents, étaient morts ou cachés dans la forêt,

ceux qui avaient la charge de me surveiller n'avaient pas le temps de me câliner.
De ces années d'indifférence, je n'ai gardé aucun souvenir intéressant. Si je devais faire une psychothérapie aujourd'hui, où, parait-il, on se doit d'explorer notre enfance, je serais bien embêté, car je n'ai pas eu d'enfance ! Tout au plus me rappelle-je que je passais beaucoup de temps sur le pot et que ma mère chantait du Trenet !
Alors, à ce psy, je lui raconterais des sornettes, nées de mon imagination, afin de justifier ses honoraires.
Le trou de la sécu se comblerait de comptines, légendes et fables qui ne pourraient, j'en suis sûr, qu'intéresser notre spécialiste.
Au milieu de toutes ces banalités de jeunesses boutonneuses et d'enfances contrariées, trouver enfin un patient qui ne se souvient de rien, mais raconte tout, est pour le psy comme un jais de lumière dans une journée grise de Novembre.
Car mon histoire je ne m'en souviens pas, et ce qui, par intermittences et à mon insu, me revient, est soit trop douloureux pour que je me l'inflige, soit trop inintéressant pour que j'en inflige le récit à un tiers. En fait j'ai été frappé d'Alzheimer très jeune !
De même que la poésie est une souffrance, de même une autobiographie n'a d'intérêt que si elle est imaginaire. Il vaut mieux raconter la vie que l'on aurait aimée avoir, plutôt que celle que l'on a eue.
Suis-je capable de me sublimer, de donner un intérêt à ce qui me reste de temps ?
C'est quand le physique n'est plus à la hauteur que l'on est capable de vivre ses rêves. C'est quand on sait aimer que

l'on ne le peut plus. C'est quand on a le temps de faire que l'on n'en a plus les moyens !

Aussi vais-je écrire mes derniers souvenirs en les vivant ! je vais aller vers les lieux et les gens que je ne connais pas. Chaque instant de ma vie sera un instant mémorable ! je vais t'aimer comme Hemingway a aimé Ava Gardner, je vais m'attabler dans une auberge de Toscane, sous une tonnelle de glycines bourdonnante d'abeilles, tu seras là pour contempler mes excès.

Mes amis seront ceux d'aujourd'hui, là : rencontrés la veille, qui ne me jugeront pas, qui eux ont surement une vie étonnante. De nos discussions futiles naîtra un monde idéal, où le lendemain ne sera que le bonheur de la veille.

Je vais remonter l'Amazone, sauver les orang-outan, faire des digues au Bangladesh, supprimer la peine de mort, ça y est ! mes futurs souvenirs affluent désormais et mon autobiographie est en marche ! chaud devant ! laissez passer ma folie !

La cabane

Qui m'aurait dit que je m'installerais dans cette cabane au fond de la forêt domaniale je ne l'eu point cru… Un jour d'Automne je vais aux champignons dans ces bois où les pas, dans la mousse touffue gorgée des premières pluies, ne dérange en aucun cas les petits peuples des forêts…. Les nuages ont envahi la vallée, le brouillard se contente des futaies.
Je sais où je suis : perdu, et je sais aussi que je suis à l'Automne de ma vie. La mort ne m'effraye pas. La vie oui. C'est curieux ce sentiment diffus d'être heureux sans raison… Je n'ai besoin de rien, même pas faim. Le froid humide me pénètre et je dois retrouver mon chemin.
Retrouver mon chemin ? tout un symbole…l'ai-je jamais trouvé, ai-je bifurqué au mauvais signal ?
Je pense à une vie stupide passée à se reproduire instinctivement et à produire exagérément.
J'en suis là quand dans la pénombre du sous-bois je vois une masse sombre, indistincte dans la brume. Je me marre : c'est sûrement un mammouth, trop gros pour être ces petits taureaux de montagne aux yeux verts et au comportement imprévisible, trop petit pour être une montagne. Le mammouth apparait, c'est une cabane en état apparent d'usage.
La porte est ouverte et en partie arrachée. Je me glisse à l'intérieur. Il y règne un fouillis indescriptible et les derniers vestiges de la présence humaine finissent de pourrir sur le sol.

Lorsque je me retourne je vois entre les arbres un paysage incroyablement beau. Des rais de lumière du soleil couchant embrasent les nuages de la vallée et lacèrent les brumes de la forêt.
N'ayant pas rencontré cette cabane à l'aller je reprends ma marche dans une autre direction.
Après deux heures d'errance je retrouve ma voiture au carrefour des sentiers.

Je rentre chez moi, et je reste obsédé par ma rencontre avec cette cabane.
Je comprends subitement que la cabane c'est l'enfance. Tous les enfants du monde, dès qu'on les lâche dans la nature font des cabanes. Certains miniaturisent leurs rêves et les abritent dans de petites constructions. D'autres bâtissent à l'infini des lieux sacrés où ils enfouissent leurs trésors, d'autres s'y réfugient comme dans le ventre de leur mère, d'autres encore vont y protéger leur innocence, d'autres se demandent pourquoi leurs parents sont si stupides.

Moi, dans mon enfance, j'ai eu la forêt et la cabane. La maison forestière du Jura, base arrière des résistants où mon père passait sa jeunesse.
Mon frère ainé, à l'imagination débordante, qui me rassurait en m'expliquant la vie bruissante des elfes, gnomes, lutins et farfadets.
La compagne de mon père, belle comme une fée, grande et douce, sauf quand il s'agissait de nous étriller dans une bassine en étain.

J'étais sûr que les femmes étaient toutes comme elle. Belles, grandes et douces. Lorsque j'ai connu Rita HAYWORTH dans Gilda, quelques années plus tard, j'ai su que je ne m'étais pas trompé.

Trois jours après mon retour, je compris que la cabane dans la forêt était un inévitable passage obligé.
Ma maison de village me sembla terne et sans âme.
Mes amours fugitifs s'en étaient allés avec leurs brosses à dent et leurs parfums d'anniversaire.
Ma chienne me regarda comme si elle attendait ma décision.

Je pris un sac de voyage et y mis pèle mêle, un pull kaki avec un trou de mite, une parka doublée, deux pantalons de velours, un oreiller et un sac de couchage, des outils (scie, hache, marteau, pinces, clous et vis)
Au passage en grande surface je m'approvisionnais en vivres et boissons pour tenir un siège. Je fis six voyages entre la cabane et ma voiture. Puis je ramenais ma voiture chez moi et demandais à un ami proche de me raccompagner à un km de la bifurcation en lui disant que j'avais rendez-vous avec une belle inconnue. Pieux mensonge en vérité je n'avais rendez-vous qu'avec un inconnu…MOI.
Je comptais passer l'hiver dans la forêt. Au bout d'un mois j'avais réparé plus que correctement la cabane. Nettoyé. Fait un lit et un foyer. Je ne suis ni bricoleur, ni Robinson Crusoé, qui avait eu le bon goût d'aller dans un climat chaud.

Mon séjour fut si intense qu'au bout de deux mois je mis un terme à ma vie d'ermite.

Je compris que mon introspection ne demandait pas une étude plus approfondie.

Mon personnage ne m'intéressait plus.

Je redescendais en stop à la ville. Ayant récupéré ma voiture je retournais débarrasser la cabane.

Je compris que j'étais vivant, mes amis crurent que j'avais fait un séjour à l'hôpital car j'avais perdu 15 kg. Je leur dis que j'avais fait une cure. C'était vrai. Une cure de cabane.

La cabane que nous avons tous en nous. Ce temple infini de notre enfance. Cette cabane n'existe qu'en notre âme et conscience. Elle est le refuge de nos amours perdus, de nos vies inutiles. De son toit incertain elle évite que le ciel ne nous tombe sur la tête. Par les interstices de ses rondins disjoints elle nous laisse apercevoir le soleil ou la pluie, comme ces dessous qui laissent l'imagination faire son œuvre. Cabane irréelle et fugace qui est là, au bout du chemin.

Brigitte

Non je ne suis pas celle que tu crois
Ni même celle que tu vois
Je reste blottie sous ma couette
T'observant comme une chouette
Tu t'agites et je te reproche
Tes incessants travaux d'approche

Gilbert

Moi je te vois comme une chance
Une fleur, de rare fragrance
Un moment de pure douceur
Celui où tu vaincras tes peurs
Celui où de tes souvenirs
Tu décideras de sortir

Alors si ce jour-là tu le veux
(Si nous ne sommes pas trop vieux !)
On pourra se donner la main
Et regarder les lendemains
Et nous naviguerons sans trêve
Sur l'océan de nos doux rêves

Mais ne perds pas de temps…
    Je t'attends

A mo Corsica

Corsica, sbucciata sanguinosa trà celi è mari, tù chì ai tuttu è chì ùn cheri nudda, ghjaci in u littami di i to turpitudini.
Corsica, u mo amori, crei à l'infinita i cundizioni di a to morti annunciata par rinascia ancu meddu.

Corsica, ingubbita da i faccendi pitricosi di a to vita senza sonniu, inchjustrata da muntagni è inzecchi minacciosi.
Corsica chì tombi i to fiddoli da magnificà li meddu in l Santi sinistri.

Corsica, ricamata di dintella à scoddi culuriti, tali è mutandi fimminili, calamita quant'è una amazona.
Corsica, terra salvatica chì sei quì da renda u mari più beddu, à l'arricolta di u piovi è di a guazza.
Corsica, patria di i banditi d'onori, di i muntoni et di l donni tristi, vedivi di una vita passata ad aspittà.
Corsica, chì a riincarnazioni ci movi i so vacchi sacri à a prossima girata, com' è tanti murtuloni.
Corsica, panurama surrealistu di i pittori scemi.

Corsica, ch'è e ti manghji com'è una arbaccia.
Iè, Corsica meia, ùn ai micca un populu, impasti par via di u to muscu, un gennaru di spezia endemica chì ùn tocca à u vivu ma inveci à u sonniu.

Ma Corse
Traduction libre du texte ci-dessus

Corse, sanguinolente éruption de la mer et du ciel, toi qui a tout et ne demande rien, git dans la litière de tes turpitudes.
Corse, mon amour, crée indéfiniment les conditions de ta mort annoncée pour mieux renaître.
Corse, vieille femme courbée par les taches caillouteuses de ta vie sans rêve, barrée par des montagnes et des corridors menaçants.
Corse, qui tue tes enfants pour mieux les célébrer dans de sinistres toussaints.
Corse, frangée de ta dentelle de roches colorées, comme des dessous, attirante comme une amazone.
Corse, terre sauvage, qui est là pour rendre la mer plus belle, réceptacle des pluies et des rosées.
Corse, patrie des bandits d'honneur, des voyous donneurs et des femmes tristes, veuves d'une vie passée à attendre.
Corse, où la réincarnation lance ses vaches sacrées au prochain tournant, comme autant de fantômes.
Corse, paysage surréaliste des peintres fous.
Corse, que je te mange comme une herbe folle.
Oui ma Corse tu n'as pas un peuple, tu crées par ton parfum tenace une sorte d'espèce endémique qui n'est pas du domaine du vivant mais du domaine du rêve.

Lettre à un ami

Mon cher ami,

Je crois avoir été le dernier à qui tu ais parlé.
Dixit un ami commun tu ressemblais à TOUTENKHAMON, ce qui est flatteur puisque lui il est mort à 15 ans et on ne l'a pas oublié.
Tu m'as souri et j'ai compris que notre relation n'allait pas s'arrêter comme ça.
C'est pourquoi je t'ai proposé d'aller à la pêche.
Comme toi, je suis sceptique quant aux religions des hommes. Et je ne sais pas ce qui nous attend dans l'au delà et d'ailleurs je m'en fous. Plus le temps passe et plus j'ai de retard dans mes taches et dans mes pensées.
Mais, si je suis circonspect sur l'au-delà, dont l'existence m'aurait arrangé dans l'idée de te retrouver un jour pour finir notre partie de pêche ou parler de l'irrationnel, voire du surnaturel, qui faisait partie de ton univers et de ma vision poétique, en revanche je sais qu'on ne s'est pas quitté.

Tu es dans mes pensées et tu reste plus qu'une personne, un personnage.

Tes talents de conteur au service de la légende paternelle, ton père Michel, témoin de son époque, une époque où la mer était claire, le poisson abondant, les barques lentes et bien décorées, où les Portovecchiais allaient à la plage. Je pense que tu n'as pas supporté la destruction de ton univers.
Je me rappelle aussi du jour où tu es allé « liquider ta pension » et à ton retour tu m'as indiqué « qu'ils » t'allouaient 22 € par mois.

Nous étions aussi unis par notre amour de la mer.
Mer, nourricière, purificatrice, hospitalière.
Cette mer que les hommes, dans les temps anciens, utilisaient comme un vecteur des pensées et des sciences.
Et que maintenant on voudrait souiller de la turpitude du profit.
La nuit est notre domaine. Toi, Neptune debout sous les étoiles, ton trident à la main, guettant la dorade éblouie. Moi, sur mon voilier, au milieu de la luminescence des planctons, éclairés par la lune. Et pour nous le silence, un peu de clapot et loin de nous, les bruits de la ville.

Alors tu vois le chemin continue. Et demain est un autre jour. A bientôt

Ton ami
Gigi

La fin de la course

Mes pensées en écheveaux
S'enchevêtrent, s'enchevêtrent
Mes pensées en écheveaux
Filent les luisants chevaux

Dans tes cheveux je veux être
Comme Roland à Roncevaux
Ton corps est dans mon cerveau

S'enchevêtre l'inachevé
Le goût des choses subtiles
L'attirance du péché
Et des bruissements futiles

Passent les noirs tourbillons
Que l'humour nous évite
Que repousse la dérision
Comme l'eau des carmélites

Puis il n'y aura plus rien
Vient le temps des noirs chevaux
S'enchevêtrent, s'enchevêtrent
Nos mortels oripeaux

La diablesse

Cette Chloé est une diablesse : elle a la cambrure féline des corps offerts. Elle tourne la tête car elle a senti mon regard pesant. C'est sûr, c'est une diablesse : son regard est vague, prêt à bondir vers la fulgurance.

Comme ces iguanes à la langue démesurée qui happent leurs proies à distance. Je baisse les yeux, je ne veux pas être happé, devenir une proie. La diablesse a compris que le temps n'est pas venu. Elle s'éloigne dans une démarche chaloupée. Son short est là pour rythmer la promesse du péché. Maintenant le sang reflue dans mes veines. L'enfer m'ouvre ses portes.
Je vais réagir contre cette addiction à la femme. Me préparer à traiter la diablesse comme un ange. Lui prouver que je ne suis pas animal mais poète sensible et séducteur.

Je dois exorciser mon désir de conquête. De proie, je ne dois pas me transformer en prédateur. La diablesse revient, son regard n'a pas la fulgurance attendue. Elle exhale une douceur suspecte.
Elle accepte mon intérêt. Je lui tends la main et elle la saisit. Sa peau est douce et tendue. Elle comprend que je ferai bon usage de ses offrandes. Que nous ne serons pas portés par un besoin malsain de perpétuer l'espèce. Que seul l'amour m'intéresse.
La diablesse sait qu'elle pourra me faire souffrir. Moi je suis prêt à payer le prix douloureux d'une future rupture.

J'accoucherai dans un spasme d'un poème désespéré. Sur ma gouttière je guetterai à la pleine lune le cri déchirant et diabolique de l'orgasme

La forêt

Juste vaporisée de bruines matinales
Sortie de cette nuit enserrée de mystères
La forêt se réveille et s'étire la terre
Que sèche doucement ce soleil encore pâle

Des mousses et des lichens une vie apparaît
Cloportes, minuscules bestioles des forêts
Sentinelles avancées de la nuit qui s'achève
Elles partent au boulot vers des souches sans sève

De ces sous-bois respire cette odoriférance
Qu'exalte le feuillu en d'étranges fragrances
La forêt c'est la vie, qui te dis ouvres toi

Ici des champignons aux couleurs étranges
Evoquent les délires que propose l'amour
La forêt alanguie attend la fin des jours

Eté 2013

Je plongerai tout l'été
Oui j'irai chercher des perles
Je plongerai tout l'été
Oui dans ton décolleté

Je te ferai un collier
Qui fera le tour de l'ile
Ces perles dans ton collier
Les enfile, les enfile

Sur le sable encore chaud
De la forme de ton corps
Je ferai un château fort
Que la vague remplit d'eau

Et je t'oindrai d'immortelles
Ton corps ambré frémira
Sous les huiles essentielles
Comblée tu t'endormiras

Je plongerai tout l'été
Dans l'océan du plaisir
Et la plage abandonnée
Oubliera nos souvenirs

La fête des poulpes

Chaque année à la fin de l'été c'est la fête des poulpes !
Les derniers baigneurs partis, petits et grands poulpes se retrouvent dans une crique rocailleuse pour fêter le calme retrouvé.
Il y a là CESAR, un gros poulpe ventru avec un seul œil, ayant malencontreusement pris un coup de foène quelques saisons auparavant et qui, ne voyant que d'un côté, marchait en tournant la tête. Et ROUSTINU, une grosse femelle qui n'arrête pas de poser des œufs à chaque rocher, exhibant ses bonnes joues roses. VENTOUSA une belle poulpesse de deux printemps, que toutes les tentacules du coin voudraient bien enserrer... et une myriade de petits poulpaillons, gigotant comme une friture vivante et surtout soucieux de ne pas se faire bouffer par BASILE le placide, mais vorace Mérou.
CESAR fait un discours de bienvenue :
« Camarades poulpes de l'extrême sud, une nouvelle saison se termine. Comme à l'accoutumée, mes premières pensées vont vers mes amis de l'extrême sud qui ont fini dans une poêle ou composante indispensable de l'inévitable « salade de poulpes bonifacienne ».
Heureusement nous sommes devenus méfiants et la réserve des Lavezzi nous a permis de passer un été assez tranquille.

De plus les restaurants proposent plutôt des poulpes chinois ! Une pensée en plus pour nos frères chinois ! »
Soudain des bulles éclatent à la surface !
Des coquillages colorés claquent du bec ! The « Ocean pearls » in concert !
Rien que ça !
Des anémones de mer commencent un ballet lascif, au grès des courants ! Puis c'est le défilé des girelles royales, exceptionnellement considérées comme attractions, et non comme casse-croûte !

VENTOUSA, la belle poulpesse, va prudemment se caler sous un rocher, avant que le bal ne commence.
BELPOU apporte un sac de chips usager, et un os de poulet. Le buffet est ouvert !
Puis chacun s'enlace, bras dessus, bras dessous, bras dessus, bras dessous
(8 bras !) la danse folle de l'octopus peut commencer

Fruits de mer

J'ai commencé à aimer les coquilles Saint Jacques en voyant la Venus de Botticelli sortir de la sienne.
J'ai compris aussi la signification profonde de l'expression populaire « sortir de sa coquille » !
Tout petit, j'ai ouvert le petit Larousse illustré à cette page et ne l'ai plus quittée.

Cette fille est vraiment divine, mais elle est tellement sensuelle qu'elle fait naître en moi un désir fou et ce, depuis l'âge de la puberté.
En dehors de mon intérêt pour les fruits de mer elle a été décisive dans mon intérêt pour les femmes.

J'étais petit mais je n'ai pas une seconde, pensé qu'elle puisse être ma mère.

La façon dont elle fait semblant de masquer une partie de son anatomie en laissant les parties nobles en évidence est le signe d'une grande séductrice.

BOTTICELLI aurait pu se dispenser de peindre les seconds rôles, ces dérisoires volatiles n'attirant pas du tout mon regard et encore moins mon intérêt.

Vénus, ma compagne des nuits lycéennes, à une époque où les enfants comme les anges, aux yeux de leurs parents, étaient asexués, tu as été mon repère, la base de ma non-éducation sexuelle, le support de mes fantasmes flous.

Nous sommes restés très proches, moi qui t'ai vu naître dans une coquille Saint Jacques et dans le petit Larousse illustré, toi qui m'a vu naitre aux premiers émois.

Les femmes ne peuvent être que belles puisque tu vas les inspirer...

Arrête de bouger comme ça dans ta coquille, tu vas tomber ! Viens appuies toi sur moi, laisses moi caresser ta peau soyeuse, m'enfouir dans ta chevelure. Tu le vaux bien !

Oui Venus, tu es née sous une belle étoile de mer, c'est pour toi que je suis devenu marin, pour toi que je suis un inconditionnel de la gent féminine, même si, sur les plages, je trouve surtout des coquilles vides.

La nuit tombe sur la mer, l'horizon s'illumine d'un rideau de théâtre incandescent, tu vas apparaître.

Ces pays où je n'irai pas……

Je suis natif de nulle part, je n'ai jamais eu de maison, j'ai vécu ici et là. Des femmes m'ayant donné quelques enfants ont planté des décors à leur goût dans des maisons éparses. J'y ai séjourné mais je n'y ai jamais vécu. C'est pourquoi je vis ailleurs : là où est la beauté, la sincérité, la sérénité, là où l'amour me guide, là où on ne travaille pas, là où je vis au rythme des saisons.
Vous l'aurez compris : je ne suis pas normal. Porté sur les ailes des rêves qu'il ne faut surtout pas atteindre, je trace un chemin qui me mène vers toi.
Qui es-tu ? Cela dépend de l'heure, du lieu et surtout de toi. Tantôt muse prolifique, tantôt femme castratrice, tantôt maîtresse exigeante, tantôt vierge effarouchée, tu décides de tout ! C'est pourquoi je ne suis de nulle part. Je n'aime pas ces maisons définitives qui ressemblent à des tombeaux.
J'irai dans des pays que j'ai envie de visiter, pour y rencontrer d'autres musiques, d'autres paysages mais c'est surtout les gens d'ailleurs, tous ces gens qui sont dignes et expansifs, que j'ai l'honneur de ne pas connaître.
Oui étrangers, peuples des villes et des campagnes, laissez-moi briser avec vous le pain de l'amitié.
Mais si je suis un voyageur du possible je suis aussi et surtout un voyageur de l'imaginaire. De mon enfance aux « colonies » j'ai bâti des lieux inouïs, modifiés par des films comme « la fièvre monte à El Pao ». Des quartiers entiers de villes comme Rome ou Barcelone me sont interdits : je les ai trop rêvés. Sur les plages désertes de Madagascar ou d'autres îles dont je ne connais pas le nom, je n'irai jamais : elles sont la propriété privée de mes phantasmes nomades.

Toute incursion en ferait un lieu pollué, pollué par la dure réalité de la vraie visite.
Je ne suis pas un conquistador du guide du routard, je ne suis pas non plus un missionnaire du vent qui passe, j'irai dans ce pays du « je ne sais où » et tu m'y donneras la main.

Je viens d'écrire à mes dix amis, tous des hommes, et pris d'un profond repentir, je pense normal de m'adresser aux……

……**Femmes de ma vie**

Je n'ai pas d'amies « femmes » !
A faire l'inventaire rien qui ne ressemble à de l'amitié, ou alors après avoir fait l'amour, et les autres qui me disent : « la tendresse » ! quelle tendresse ? dans l'entrecôte ? ou alors, plus pervers, maintenant que tu ne peux plus, hummmm ?
Place à la tendresse…
Mes femmes, je vous aime comme au premier jour, je ne vous respecte pas, je vous ai aimées mais cela ne vous donne pas le droit de devenir mes amies.

Je veux garder de vous l'odeur, le soyeux de votre peau, nos émois. Fi d'une vie en noir et blanc, de nuits en pyjama en finette, fusion oui, infusion : NON. C'est dommage, on ne peut être ami après une relation. Ce n'est pas correct !

Amour d'été

Amour d'été ! à mon âge ! tu viens laver ta voiture à la station : moi aussi.
J'attends mon tour et tu m'asperge dans un mouvement aussi gracieux que maladroit. Tu rougis, tu t'excuses et nous éclatons de rire.

Elle a une robe juste au-dessus des genoux, bleu soutenu, avec bretelles sur les épaules. Elle est suffisamment jeune pour que je n'y ai pas fait attention, au premier abord. Ce n'est pas du mouron pour ton serein.
Mais là le contact est établi et je vois qu'elle a la beauté du diable, pas de sophistication juste des formes.

On rigole et on se parle : Tu viens d'arriver ? lui dis-je : tu n'as pas encore pris le soleil. Oui je sais c'est banal mais j'étais à bloc. J'étais submergé par une timidité d'adolescent boutonneux. Heureusement elle semblait heureuse d'avoir rencontré un indigène. Elle m'avoua être partie de Besançon deux jours avant à l'aventure. La Corse plutôt que l'Amazonie. Elle a fui le vide sidéral de la vie de province. Des copains qui ne rêvent que de mariage heureux, de logements prisons.
Et là elle rigole avec un inconnu qui n'a pas l'air méchant.

Nous décidons que notre dialogue n'a pas encore commencé. J'ai été moyen pour le premier contact.

A éviter désormais le : « vous prendrez bien un verre ? » qui tue. La promenade au bord de la rivière me semble plus appropriée. Elle est ravie, on ne prend qu'une voiture : la sienne.
Sa chair encore pale attire les moustiques. Pas que. Pas qu'eux. Le soleil commence à se cacher derrière les pins. Sans faire exprès on se donne la main, on se regarde et on en rigole encore.
Elle a honte de son prénom qu'elle juge ringard. C'est sûr, tout le monde ne peut pas s'appeler GILBERT ! je la baptise Criella ! ça lui plait.
La promenade du crépuscule nous a ouvert l'appétit. Evitons l'erreur « grand jeu » jouons la simple. La cabane à spuntinu. La friture et le rosé frais, melon et glace.
Nous finissons sur la plage, sous les étoiles, les pieds dans l'eau, puis tout bascule. La nuit garde ses secrets. Notre étreinte est sublime. J'ai 27 ans ! me dit-elle dans un soupir. Pas moi.
Le matin nous sépare, je l'embrasse une dernière fois. Je n'ai pas son téléphone. Je ne veux pas la revoir. Notre rencontre mérite mieux qu'une aventure de type relation. Je me fais encore des souvenirs c'est génial.

CRIELLA (de Besançon), je t'aime.

Sexe-temps

Je ne sais pas ce que tu penses

Je ne peux te montrer la voie

Quelle sera ma récompense

Pour ces poèmes que je t'envoie ?

Dans la croisière du printemps

Nous naviguerons au sexe-temps

Tu seras mon unique étoile

Le jour où nous mettrons les voiles

Mais pas une étoile filante

Ce monde désuet agonise

Ce monde désuet agonise
Les terrains perdus des friches industrielles
Où rien ne pousse
Où la sueur des hommes qui y ont abrégé leur vie
S'ajoute au flux toxique des suintements vénéneux
Fleuve immonde de la convoitise des bourgeois

Ici et là des fleurs chétives guettent la moindre goutte de rosée
Mais le ciel aussi est tari
Il n'a plus de larmes
Les scarabées ne brillent plus,
Les cétoines dorées ont mis des habits de deuil.
Le sol se craquelle
Comme la peau parcheminée du berger

Le vent ne sent plus bon
Il ne transporte que le long gémissement des morts pour rien
Les abeilles se battent entre elles
Les guêpes et les frelons ricanent.
Le jardin d'Eden a l'aridité des âmes impitoyables
Tes pleurs n'y feront rien

Tarrabuccio

Surtout, si tu vas à Santa Lucia di Talla, dis-leur que tu ne m'as pas vu !

Tarrabuccio ne m'en dit pas plus : je savais que je ne l'avais pas vu ! et pourquoi irais-je parler d'un inconnu que je n'avais pas vu ???

Je l'appelais Tarrabuccio sans raison, il avait la barbe touffue à la Karl Marx et des yeux brillants... Je ne connaissais ni son nom, ni son âge, ni son passé. Il valait mieux. Car il était un vecteur remarquable de l'imaginaire.
Je l'avais rencontré à la montagne, chez des amis, un soir de Noel où, ceux-ci, dans la plus pure tradition Corse de l'hospitalité, avait accepté ma solitude.
Que faisait-il là ?
Il passait et il était évident qu'il y avait sa place. Peu loquace il jouait de la guitare en susurrant des comptines plus que des mélodies, en Corse rocailleux.
Il parla de l'hiver, des saisons, des migrateurs, des rivières.
Nous l'écoutions, surpris nous-mêmes de l'intérêt que suscitait ses propos ordinaires.
Cet homme sans âge avait un passé. Et même une histoire.
Ne comptant surement pas sur la justice des hommes, sur le jugement d'un monde qu'il n'avait pas souhaité, il avait pris le maquis, c'est-à-dire qu'il avait rompu avec le paraître, le superficiel, se nourrissant de la nature, grives grillées sur la

30

cendre chaude, encore gorgées de myrtes, truite enlevée par ruse au torrent et cuites sur des galets brulants, châtaignes et cèpes, quelquefois des villageois le pourvoyaient en gros pains cuits au four communal, et, luxe suprême, un fromage bien fait qui se mange en plein air.

Je me levais tard et l'homme avait disparu, inquiet sans doute de s'être laissé aller à tant de familiarité, à tant d'humanité. Soucieux de se refondre avec la mousse et la rosée des sentiers, pressé de vérifier les odeurs et les bruits du maquis.

Je ne le revis que le jour où il me dit : « Surtout, si tu vas à Santa Lucia di Talla, dis-leur que tu ne m'as pas vu ! »

Cause perdue

Champion des causes perdues
Citoyen d'un monde foutu
Bataillent tristes chevaliers
En piétinant leurs boucliers

Chute infinie vers le néant
Discutaille sans queue ni tête
Qui laisseront à nos enfants
Un vieux radeau dans la tempête

Les politiques satisfaits d'eux
Payés pour gérer l'impossible
Pas plus convaincants à nos yeux
Que les pauvres versets de la bible

J'irai aux urnes le jour venu
Pour élire un Jean de la lune
Un programme à titre posthume
Qui sera la cause perdue

Palumbaggia

Un maquis verdoyant dévale des collines
Flot ininterrompu de ronces et d'épines
Domaine impénétrable de sangliers velus
Derniers représentants d'un monde révolu

Déjà dans la vallée vient la cupide pelle
Eventrant sans égard là où l'argent l'appelle
De cette terre noble dont la Corse se targue
Ces huns décérébrés vont faire un terrain vague

Est-ce cela le luxe dont rêve ces martiens ?
Une terre défrichée pour des palais de marbre
Où la bêtise humaine replantera des arbres
Que le maquis perdu ne voudra pas pour sien.

Gian Marco

Ce soir je vais voir NANDO, dans son bar d'Alghero, que j'ai baptisé « l'improbable », c'est l'heure entre chiens et loups, où la journée des ombres de la ville sans joie se réunissent, pour offrir à leurs comparses une dernière tournée de ces grandes bières, pour bénéficier aussi de la même en retour. Cela peut paraître vulgaire, mais la misère n'est pas seulement un problème matériel. La misère peut être dans le couple, dans la famille, dans la pratique sexuelle, dans l'amitié trahie, dans une vie quotidienne sans espoir, dans la frustration consciente de son inutilité.
La tournée n'est pas une beuverie d'ivrognes, et celles du bar « l'improbable » n'est pas une déchéance, c'est un rituel de la vie des gens simples.
D'ailleurs beaucoup ne finissent pas leurs bières, ils écoutent les nouvelles qui méritent l'attention, celles que l'on colporte. Ici pas de télé sauf en cas de calcio. Quelques machines à sous maintiennent l'espoir d'une vie meilleure.
Les femmes passent avec leurs enfants entre la crèche et le repas du soir. Elles sourient, parlent peu, ne critiquent rien et laissent en repartant un parfum d'humanité.
Ce soir je suis frappé par l'ambiance feutrée du bar, par l'attitude réservée de NANDO. Certes il me sourit, m'embrasse mais le cœur n'y est pas.
Je m'enquiers du problème et NANDO me répond sobrement. Il m'amène devant une photo représentant un jeune mec, costaud, en bermuda posant devant un gros

poisson, NANDO, quelques kilos et quelques années en moins, pose à ses côtés.

« Il est mort Dimanche en Afghanistan. C'était comme mon fils. » Et il retourne s'appuyer au comptoir.

Informer mais ne pas ajouter sa peine au désarroi normal de ses clients. Je ne dis plus rien. Je prends le journal et je lis l'information concernant le retour de l'enfant du pays.

Un peu plus tard, NANDO raccompagne en douceur les derniers habitués. Sa compagne, qui est arrivée entre temps, le cajole et le rassure.

NANDO est mon ami de miel et je ne sais quoi dire. Lui, si. « Allons prendre l'apéritif ! » A 22H30 ? Curieux mais je ne proteste pas, je sens que NANDO ne veut pas rester seul ce soir, que sa compagne n'est pas la solution.

Nous quittons le quartier populaire, la rue des « rien du tout » et allons sur le bord de mer, la plage est encore parfumée des huiles des belles étrangères de l'été, la brise douce, les lumières de la vieille ville accueillantes.

Dans le bar qui va bientôt fermer, quelques touristes qui se sont trompé de saison, un couple d'amoureux, deux barmen stylés.

Nous allons au comptoir et un des barmen, présente ses condoléances à NANDO et là, j'assiste à une scène incroyable.

NANDO se tourne vers la porte, regarde fixement à mi-hauteur et déclame pendant près d'une heure, sa peine, son chagrin profond, et son rejet de l'injustice. Parle-t-il à GIANMARCO ? Moi, le cartésien, je le pense.

35

La veille le cercueil a été rapatrié à ALGHERO, et amené dans une église de la ville. Assistaient à la cérémonie, quelques militaires enrubannés, quelques notables cravatés et la maigre famille du défunt, sa mère et sa sœur, et bien sûr, NANDO. Le militaire le plus ancien dans le grade le plus élevé se croit obligé de vanter l'héroïsme de GIANMARCO, son sacrifice pour la patrie et là, NANDO craque : il hurle « non, ce n'est pas un héros, car ce n'est pas sa guerre, ce n'est pas sa guerre, ce n'est pas sa guerre »

Les militaires essayent de le ramener au calme. Le résultat est désastreux. NANDO, avec son physique de videur de boite de nuit, se déchaine. Il attrape l'orateur et le jette dehors de l'église, puis s'apprête à finir son ouvrage sur les autres spadassins, qui préfèrent opérer un repli stratégique. Pour remettre la main sur la cérémonie, un dignitaire a le mauvais goût, d'appeler au respect des décorations du défunt, NANDO les ramasse et les jette sur le trottoir. « Ce n'est pas sa guerre », dit encore NANDO dans un souffle. Il me prend par l'épaule, sa compagne, menue, se love sous son autre aile. Les clameurs se sont tues. La nuit noire est constellée d'étoiles. La brise marine me semble glaciale.

NANDO ne pleure pas, il semble apaisé.

Colibri

Comme un colibri
Tu fais du surplace
Tu cherches un abri
A la vie qui passe

L'amour qui te guette
N'est pas dangereux
Seulement la quête
D'un bonheur à deux

Et dans le miroir
De tes yeux craintifs
Je pourrais y voir
Un désir festif

Et si tu l'osais
Je serais ravi
Et d'un doux baiser
Changerais ta vie

Epouser une femme intelligente ?

Discussion sur Facebook, après la publication d'un article intitulé : « avoir une femme intelligente est bon pour la santé »

Pour avoir été marié trois fois je pense avoir une légitimité pour donner mon avis :

Quand on est jeune, la femme intelligente est une emmerdeuse. Elle vous rabaisse par amour, par pitié pour vous faire comprendre que vous êtes un pauvre con. Pour un peu qu'elle soit attirante vous perdez un temps précieux en palabres, là où nos bas instincts nous orienteraient vers des activités plus ludiques.

Quand on a atteint l'âge mûr et qu'on est assez con pour travailler 14 h par jour, on n'a pas le temps de la voir ni de l'entendre. On a deux TV et son intelligence n'a aucune influence sur la santé, sauf si elle concocte des plats trop gras.

Enfin quand on est plus vieux, on a le temps. Et là c'est capital d'avoir une femme intelligente, car la distance entre deux "coups" est la seule chose qui s'allonge vraiment, alors pour meubler ces nuits, une bonne discussion sur la crise morale que traverse la jeunesse est parfaite pour retrouver le sommeil.

Maintenant ma conclusion est la suivante : Si vous avez épousé une femme intelligente quand vous étiez jeune, à l'évidence elle vous a quitté. A l'âge mûr (le vôtre) elle est en pleine forme : bio-bio, fitness, shopping et que vous soyez exténué le soir, elle s'en fout. Son intelligence elle l'exhibe dans d'autres occasions.

Enfin soyez rassurés : dans tous les cas de figure vous finirez lessivé, siphonné et seul. Alors viendra le temps de devenir intelligent à votre tour et, à défaut de débats hautement philosophiques, de vous contenter de câlins romantiques, au clair de lune, avec la femme intelligente d'un autre...

Vanité de l'écriture

Le drame des écrivains interviewés est qu'ils ont le sentiment d'avoir réalisé une œuvre. Pire, ils pensent qu'ils ont « ciblé » un public, que leur ouvrage va intéresser « les autres ». Ce comportement et ces motivations me surprennent. Mon père écrivait pour transformer en paysages sa vision poétique, ma fille écrit par désir d'exister, mon frère, historien, écrivait, pour cocher sur un papier, le fruit de ses recherches et moi j'écris pour rien, parce que je m'emmerde.
Maintenant d'autres paramètres interfèrent dans l'acte d'écriture. D'abord l'esthétisme : Les parnassiens aimaient la beauté d'un texte, quitte à sacrifier le contenu, à l'eau de roses, les classiques purifiaient le langage, en créant de futurs manuels scolaires.
Certains écrivains sont persuadés que leur message est essentiel pour le développement de la réflexion de leurs concitoyens. C'est le cas des philosophes : mais qui se souviendra de Michel ONFRAY dans cinquante ans ? n'est pas Voltaire qui veut.
J'aime la littérature de gare, celle qui est légère au transport, celle qui parle de la sociologie populaire, qui décrit un lieu familier, des sentiments ordinaires, qui ne passe pas à la TV, qui est considérée comme un art mineur.
Ou alors la poésie, parce qu'elle est invendable, ce qui lui confère un caractère intimiste, presque sacré.

Complexe

Tu ne veux pas ci
Et pourquoi ?
Tu ne veux pas ça
C'est ainsi

Suis-je à ce point
Repoussant
Que tu ne veux point
De mon sang ?

Ton éducation
Trop rigide
Nourrit des passions
De frigide

Mante religieuse
Chaque jour
Mange tes amants
Tes amours

Je reste tactile
Et j'attends
Un signe futile
A l'instant

Préambule : Je voulais présenter mes vœux à ma charmante banquière, espérant m'attirer ses bonnes grâces, ou, à défaut, quelque mansuétude ! Comme elle continuait à me mépriser, je lui ai fait passer ce poème ; dans un premier temps l'effet a été inespéré, je rentrais dans son bureau sans rendez-vous et sans frapper. Mais par la suite, sans que je n'y vis de cause à effet, elle fit une fausse couche, une dépression, et fut virée.

Le rentier

Cette malheureuse crise
N'atteint pas le sieur Terrisse
C'est sûr, je n'en ai pas l'air
Mais je suis un visionnaire
Tout ce qui touche à la finance,
Vous pouvez me faire confiance
Très tôt j'ai pris la bonne option
Celle de vivre sans un rond
Mes placements les plus risqués
Dans les loisirs et les plaisirs
C'est là que je les ai tous fait
Et n'en ai aucun repentir
Tout ce que j'ai ingurgité
Wall Street peut plus me l'enlever

J'ai dilapidé par avance
L'argent qui était en instance
J'ai toujours réinvesti
Mes revenus et mes profits
Pour aider le petit commerce
Et mettre quelques futs en perce
Je suis juste en économie
Car ma richesse c'est mes amis
Je plains ces « pôvres » milliardaires
Obligés de brader leurs terres
Leurs yachts qui seront désossés
Leurs femmes qui se seront lassées
Non je n'ai pas de placements
Ni de patrimoine important
J'avais anticipé la crise
J'étais fin prêt quand vint la bise
Je vais ouvrir un cabinet
Pour apprendre à vivre aux rentiers

Conte de cet endroit

Il est de ces instants dont on sait qu'ils vont finir.
La rencontre dans ce lieu n'était pas prévue. Tout au plus était-il indiqué.

Je vous ai rencontrés : nous ne parlions pas la même langue. Nous avions beaucoup de choses à nous dire. Alors on s'est touché, on a pris nos mains, on a ri et on a compris que la parole était inutile.

Si nous avions parlé nous aurions bavardé, dit des choses futiles. Mais là nous avons échangé le souffle chaud de la connivence.
Nous avons décidé que nous étions bien, que le monde autour était bienveillant.

Après nous avons joué avec vos enfants, ils étaient beaux et colorés comme tous les enfants de là-bas. Et comme nous ils riaient ! leur maigreur joyeuse ne demandait pas la pitié. Ils avaient la beauté des êtres libres.

Nous avons bu et mangé la nourriture divine des gens simples : celle qui nourrit le cœur et l'esprit. Et nous avons continué à rire de notre amitié, de nos amitiés instantanées et évidentes.

La terre était la leur. Je ne pouvais m'y établir, la coloniser. Il fallait partir. Il est de ces instants dont on sait qu'ils vont finir.

J'ai salué maladroitement mes amis, et j'ai refermé la porte.

2048

Giovan-Paolo remet quelques pelletés de bouse séchée dans sa chaudière, le combustible généreusement fourni par son troupeau de deux cents vaches paissant sur les collines de Tarrabucetta.
Il prépare ses fromages qui seront vendus au marché. Pour s'y rendre il empruntera la diligence du Dimanche matin. Oui, c'est le nom donné au bus électrique qui dessert FIGARI et sa région. L'aéroport est fermé depuis 7 ans. Plus de pétrole, plus d'avions.
La CCM, CORSE MEDITERRANEE a pris une activité en rapport avec son nom. Après avoir tenté de s'intéresser au projet de tunnel CALVI-NICE, elle a compris qu'un tunnel sans voiture et un péage sans client solvable, posait problème.

Aussi la CCM s'occupe du vent et brasse de l'air. Ses grands voiliers, qui atteignent 20 nœuds, relient les ports de Corse au continent dans la nuit, comme au bon vieux temps des gros navires à pétrole de feu la SNCM, dont les vieux paquebots servent désormais de maisons de retraite pour les vieux marins.

Certes les navires sont plus petits mais cela n'est pas grave puisqu'il n'y a plus de voitures...
Sur les petites routes du FIU MORBU et du Cortenais, se croisent à nouveau les charrettes tractées par des chevaux et les bourricots lourdement chargés.

La Corse est un pays riche. Depuis que le pétrole a disparu l'énergie vient du soleil, de l'eau ; du vent et de la terre. La Corse fait penser au KOWEIT des années 70-80.

Le berger du TARAVO a enfin emmené ses brebis un peu plus loin. Un barrage récupère le milliard de litres d'eau annuel qui partait à la mer, emmenant au passage la bonne terre végétale de ses rives.

Bien sûr, l'eau tombée du ciel n'est pas revendue, elle est simplement distribuée...La Cie générale des eaux et la Lyonnaise ont été lourdement condamnées pour enrichissement illicite et appropriation du bien d'autrui et elles ont déguerpi.

Les eaux chaudes du FIU MORBU et des autres sites géothermiques, alimentent des chaudières de haute technologie conçues par les labos de l'université de CORTE.

Chaque maison a son autonomie solaire. Les petits véhicules électriques, encore assez onéreux, sont branchés dans les garages.

Oubliée la centrale thermique du FAZIO qui tuait la population d'AJACCIO, oublié TCHERNOBYL.

Les Corses respirent. La Caisse Sociale CORSE, alimentée par une taxe sur l'exportation d'énergie est très

47

bénéficiaire. Le cancer, les complications cardio-vasculaires, l'emphysème, l'obésité ont diminué d'une façon spectaculaire.
La principale cause de mortalité restant les accidents de chasse.

Les Corses sont devenus riches parce qu'ils ont compris qu'ils n'avaient besoin de rien. Qu'ils avaient tout.
Daniel commissaire au non développement définitif, a rendu son rapport sur l'adéquation entre les besoins essentiels des gens et le superflu, sur l'échange et la production raisonnée.

Ce sont ces recommandations que l'Assemblée du peuple veille à appliquer.
Puisqu'il n'y a plus de conflits d'intérêt, les familles se sont retrouvées, les voisins se reparlent, les Corses de la diaspora reviennent, la population augmente.

Le nationalisme a disparu de même que les clans et les partis de l'ex puissance coloniale.

Ah oui parce que j'ai oublié de vous dire que la Corse est indépendante depuis 2029 et la fin de sa desserte maritime.

Un premier ministre français de l'époque, ne pouvant plus venir en vacances à SPERONE avec sa famille, ayant déclaré dans une belle envolée : « Ils veulent leur indépendance : qu'ils la prennent ». Mais ils l'avaient déjà

La seule indépendance des peuples est l'indépendance énergétique et la suffisance alimentaire. La Corse a les deux.

La ville de Porto-Vecchio, dirigée par un ancien autonomiste, a beaucoup changé.
Le bastion est retourné à ses origines historiques.
Le centre culturel et la cinémathèque sont maintenant dans la plaine, au milieu de la palmeraie qui a remplacé les centres commerciaux d'antan, désormais inutiles.
Dans ce vaste espace naturel les autochtones ont repris le goût de la rencontre, du dialogue, du débat. Comme dans HYDE PARK, des bonimenteurs, des chanteurs et des conteurs se sont réapproprié l'espace.
Sur le littoral deux ensembles industriels ont vu le jour : Un recycle tout : les déchets accumulés depuis 50 ans, fer, plastique, fluides, piles, électroménager, et les anciennes voitures à pétrole, désormais obsolètes !
L'autre filtre et épure l'eau. Ces deux unités sont autofinancées par leur activité.
Nous sommes en 2048.
Le pétrole a disparu de la surface de la planète. La France, désormais proche ou lointaine, suivant la force du vent, nous inquiète : un mouvement clandestin y est apparu, CANAL PLUS HISTORIQUE.
Son credo : se libérer de la dépendance énergétique vis à vis de la CORSE.
Sur l'Isle, le Soleil et la Brise de mer bercent nos illusions et rythment notre vie.

Dégoupillons

Mécréants soyez sur vos gardes
La bonne mère vous regarde
L'abbé de Saint Jean Baptiste
Est un vrai stakhanoviste

Il bénit à tours de bras
Il bénit tout ce qui bouge,
Il bénit les gens chez eux,
Leurs maisons et leur chenil,
Les chasseurs et les pêcheurs,
Ceux qui ont beaucoup péché surtout
Il bénit les véhicules, les bateaux, les malades
Et les rescapés de l'Ospedale

Il bénit le vent, la pluie qui se change en eau bénite
Bénédiction compulsive,
Presque souvent maladive,
Il ne sait plus quoi bénir,
Le bénitier va tarir
Alors il bénit les masses
Et aussi le temps qui passe

Il a béni aujourd'hui
La route du paradis
L'échelle des soldats du feu
Qui l'élève vers les cieux
Il a béni Lucifer

Pensées évidentes ….

Citation : « mon père, un véritable éducateur, disait : la vérité sort de la bouche des enfants…et chaque fois que je l'ouvrais, je prenais deux claques »

La Corse est une île sans marin…c'est pourquoi je suis convaincu que le peuple Corse est une espèce endémique, sûrement venue d'une autre planète, et ceci explique cela.

Si tu ramasse une tarabuccia n'en mange pas les feuilles, n'en renifle pas les fleurs : creuses et tu trouveras…

La vie est un bolide lancé à vive allure, sans rétroviseur, et très gourmand en énergie futile.

Les bébés nous regardent comme s'ils ne nous avaient jamais vus !

Une femme est un être complexe mais très intuitif, parfois doté de clairvoyance, c'est ce qui explique que je vis seul.

La mer est surement à l'origine de la vie : les marins morts en mer peuvent en témoigner. Mais les plus grands naufrages sont ceux de l'âme.

Pas de bégonia pour Miss Blandish. Ils n'ont pas résisté aux premières gelées de Brighton.

Ma chienne m'est reconnaissante de lui avoir offert une maison avec un jardin.

La vie à deux est très intéressante. Surtout en hiver où on peut faire des économies de chauffage. Je recommande les grosses à peau laiteuse.

Les noirs rient tout le temps : je ne vois pas ce qu'il y a de marrant.

En période de crise vivre au-dessus de ses moyens est un devoir civique : la crise c'est quand les pauvres arrêtent d'acheter et de jouer au PMU.

Les champs de course sont comme les centres commerciaux : On peut faire ses courses sur le gazon mais il est interdit de brouter.

Un sage est quelqu'un qui n'a plus rien à dire.

Les primevères sortent au printemps dans les fissures des trottoirs pour faire oublier les carences des services municipaux.

Les femmes de l'est sont rayonnantes : normal...elles voient le soleil avant les autres !

Hiver en Corse

Vaporeuses flammèches lacérées par le vent
Descendant des montagnes en pans effilochés
Le soleil ébloui qui nous vient du levant
De l'ombre passagère qui veut s'empanacher

Des collines rougies du mal de l'automne
Tombent des sansonnets en forme de nuages
L'été superficiel, s'éloignant de nos plages,
Nous renvoie lentement à la vie monotone

Couleurs et parfums qui imprègnent nos sens
Brindilles fracassées par le vent des frimas
Insectes engourdis et mésanges en errance
Pitoyables épreuves pour de nouveaux parias

Demain naîtra encore le souffle de l'espoir
La princesse aux pieds nus foulera le sous-bois
Du soleil revenu, là où le chien aboie
Passera à nouveau la douceur d'un soir

Gilbert 2010

La fille des forêts

La compagne de mon ami vient en Corse pour la première fois : elle m'a demandé de lui décrire mon Ile

Corse accueille la fille des Forêts

La douce Christine

Qui va découvrir ta beauté

Guidée par le chantre de l'amitié

Portée par les effluves du maquis

Corse donnes toi sans réfléchir

N'ai pas honte de tes turpitudes

De tes faiblesses

Car tu es la terre des seigneurs

Tes rivières ensanglantées de tes luttes

Nourries des larmes des pleureuses

Te baigneront et ce faisant

Te donneront la force de l'amour

Ripaille me fille chérie

Ripaille me fille chérie
Tu es partie
Sans aboyer, sans un cri
Vers une niche du paradis
Tu as vécu ce dont je rêve
Une liberté sans limite
Tu revenais là où j'habite
Chaque jour de ta vie si brève

Comme moi tu aimais la mer
Nager vers la terre inconnue
Je t'ai rêvée sirène-chien
Corps de clébard,
Face de mérou
A la chasse de ta génétique
Tu préférais l'acte ludique
Ame de chien
Bien pâle étoile

Tu es tombée sur un os
A moelle
    Pour toi seule….

Une vie sans bruit
Une vie sans clameur
Une vie dont les fruits
S'appellent douceur

Une vie où la seule ivresse
Serait celle de caresses
Une vie trop brève
Pour se priver de rêves

Espoir un peu prétentieux
De s'endormir heureux
De se réveiller content
Par tous les temps

Donner sans retenue
Du plaisir et de l'amour
Et recevoir en retour
Juste un sourire,
Un bisou
C'est tout….

RIPAILLE

La femme de ma vie s'appelle Ripaille. C'est un springer tricolore qui me suit partout depuis 10 ans. Ma femme m'a quitté, mes enfants sont partis, mes chats ont choisi d'autres coussins, mais Ripaille est là.

Je lui suis fidèle de mon côté et ne fréquente aucun autre animal de compagnie. Ripaille partage avec moi le goût de la liberté.

Ainsi n'a-t-elle pas de chaine. Elle vaque à ses occupations et revient à la maison. La promenade et la baignade ne se conçoivent, en revanche qu'avec moi, ou de proches amies.
A 18 h elle gratte à ma porte pour me rappeler que c'est l'heure du frichti.

Car Ripaille a un défaut en tant que compagne attitrée : elle ne fait pas le ménage :
Pire ! elle salit beaucoup. Aussi ne lui accordais-je le droit d'asile qu'en cas de conditions climatiques extrêmes.

Théoriquement Ripaille est un chien de chasse mais, jeune elle était trop joueuse et maintenant âgée elle supporte mal d'être dérangée pendant sa sieste.

Je lui applique un régime strict qui ne sert strictement à rien, dans la mesure où elle visite toutes les gamelles du quartier, plus éventuellement, quelques poubelles éventrées.

Je pense que Ripaille est heureuse, si j'en juge par l'accueil qu'elle me réserve à chacune de mes arrivées.

Ni chaine, ni laisse version canine de ni maître, ni dieu : et si Ripaille était anarchiste !

Le Diner

Vous avez aimé « Le Bal » d'Ettore SCOLA, vous avez apprécié le «dîner de cons », vous allez adorer le « Dîner des Sanguinaires ».
Ce jour-là je m'apprêtais à vivre une journée banale, sans surprise. Arrivé à Ajaccio le jour même ma soirée s'annonçait toutefois sous les meilleurs auspices. Un petit temps très clair avec cette douce brise de mer que l'on ne trouve que sur les rivages de Corse.
Une amie avait accepté, non pas une invitation, mais un rendez-vous dinatoire avec quelques relations…et m'avait demandé si je voulais bien l'accompagner.
Comme l'amie était charmante et le lieu choisi, parfait (une terrasse en bord de plage sur la route des Sanguinaires…le rêve !) j'acceptais avec plaisir.

Nous attendîmes les autres convives qui étaient en retard, comme il sied aux gens importants, et nous échangeâmes des propos définitifs sur ma vie, la Corse, les petits enfants et après quelques verres de vin Corse, sur l'amour, le sexe et l'infini.

C'est alors que commencèrent à arriver les convives.

Le premier s'appelait Jean Pierre : Malgré les premières chaleurs de l'été il était vêtu d'un costume bleu un peu fatigué. J'en déduis qu'il devait travailler dans le service d'une administration et n'avais pas eu le temps de se changer. Mon intuition était à moitié fausse. Il avait été fonctionnaire à France Telecom, avant la privatisation, et n'avait pas supporté les nouvelles méthodes axées sur la productivité. Son employeur lui avait fait comprendre qu'il pouvait partir à la retraite et il n'avait pas protesté. De cette époque il n'avait gardé que le costume, comme un trophée, et le sortait apparemment dans les grandes occasions, c'est à-dire les soirs événementiels.

Bien qu'on ne le lui ait rien demandé, il nous donna sans tarder des nouvelles de sa vie de couple : sa dernière compagne est un oiseau des îles au charme exubérant. Sûrement éblouie par la sécurité de l'emploi, plus importante par ces temps de crise que la beauté intérieure, l'exotique créature a donné sa chance à notre héros. Petit détail mais qui va avoir son importance la belle était passée à l'acte et avait une ribambelle de petits Corses. Notre ami Jean Pierre avait visiblement du mal à se faire une place dans le logement et encore plus dans le lit de la belle. Et sur le plan économique les réserves devenaient rédhibitoires, aller au restaurant avec la marmaille était un investissement que même l'aide aux peuples du sud ne pouvait justifier, aller faire les courses était une souffrance. Ah ! il est loin le temps des tickets restaurants, des sorties avec le CE et de la cafeteria d'entreprise !!!

A ces soucis économiques s'ajoute une grande misère sociale et relationnelle. Plongé dans le monde virtuel des rencontres il a renoncé à la femme idéale pour se concentrer sur la femme tout court. Sur les traces de LYAUTEY il arpente annuellement les villes du Maroc pour acheter ses fantasmes. Et en revient avec des rêves d'expansions économiques.

Le second s'appelait Claude. Juanito lui aurait mieux convenu. Vieux beau quoique pas si vieux que ça, il portait en lui, recouvert d'une panoplie de raseteur camarguais (Pantalon blanc, chemisette immaculée, chaine autour du cou et chevalière, ray-ban, il portait en lui, donc, une infinie tristesse.

Sa compagne du moment ne l'a pas accompagné : migraine diplomatique ?? ou lassitude de ces soirées interminables avec les mêmes acteurs, la litanie de leur réussite passée et de leurs malheurs présents, le même rosé, la même baie d'Ajaccio, où voguent leurs galères ? Jocelyne n'est pas venue et il n'a pas insisté. Au fur et à mesure que l'attente des entrées se prolonge, diminue le niveau des bouteilles de rosé, au fur et à mesure que le nectar irrigue ses veines, notre ami Claude reprend espoir. Ses yeux brillent à nouveau, il va parler, nous décrire une vie moins terne que prévu. Certes il est le fidèle serviteur de son égérie. Corps et âme…non, corps seulement.

Mais il existe en tant qu'être humain. N'ayant pas sa vie à raconter il nous parle de ses projets, de sa vengeance implacable contre des êtres malfaisants, désormais installés au Maroc, il ira porter le fer sur leur terre, ou plutôt des paillasses de cuisine qu'il proposera à vil prix, pour les couler. Jean Pierre, l'œil désormais vitreux, écoute son ami. Oui il sera de l'expédition. Comme LYAUTEY ils iront vers d'autres conquêtes, surtout Jean Pierre.

Comme dans notre partie de table il est impossible d'en placer une, deux autres cercles se sont constitués : Une douce eurasienne parle cinq secondes et rit cinq minutes, ce qui, nonobstant le fait que ses paroles soient inaudibles, entraîne le rire de ses voisins, contrastant avec la mélancolie palpable de mes interlocuteurs. André a réussi. Tout le monde en est persuadé. Ce n'est que de l'entendre nous expliquer la crise du capitalisme. Les bons tuyaux pour les placements avisés. Son blazer fleure bon l'aisance matérielle. Du yacht club il n'a toutefois que le blason. De la Jaguar que le porte-clefs.

Julie boit ses paroles, fille de l'extrême sud elle exprime dans sa peinture toutes ses frustrations de femme délaissée. De la prestation d'André elle ne retient que le possible mécène. Serait-il amateur d'Art ? Qui sait. Julie glousse comme si une herbe de saint jean s'était glissée dans sa robe fleurie. Elle expose tout ce qu'elle peut et déjà, tous ces hommes autour d'elle qui passent sans la voir, s'éloignent. La virginité est un combat perdu d'avance. Pas pour Julie.

Mon amie m'observe du coin de l'œil. Je ne dis mot, moi si bavard, je contemple, j'écoute. En face de moi trône la reine d'un soir, sourire satisfait, femme amenée par les courants marins sur les rives de la Corse, adoptée sans condition par un beau ténébreux. Quelque chose de Marie Antoinette, la tête en plus. Elle est bonne. Prête à rire aux blagues éculées de ses voisins, attentive aux aventures fictives de Claude, prenant un air gêné et pudique devant les expériences sexuelles de Jean Pierre. Le soleil est allé voir ailleurs, laissant un ciel déchiré de noir et sanguinolent. Le dîner des Sanguinaires s'achève. Chacun se quitte à regret, échange un dernier mot, tous semblent peu pressés de retourner vers leurs vies réelles. Dans deux jours il y aura un autre diner. Avec les mêmes, moins moi, plus d'autres. Et cette perspective permet de tenir …

Le régime crétois

Tu crois quoi ?
Que je crois en toi ?
En ton régime crétois ?

Il eut fallu pour que je vive
Me gaver de l'huile d'olive

Oui mon ami des eaux limpides
Reprends ta recherche lucide
Avale ta dose de lipides
Et repense ta vie stupide

Cette huile de la terre d'Ulysse
Fais-en un produit qui lisse
Oins sans peur ce corps de métisse

Jette aux orties ses oripeaux
Une œuvre d'art, fais de sa peau
Caresse-la de bas en haut

Plonge et trouve le bon endroit
Ramène l'amphore perdue
Pleine de toutes les vertus

Et à corps perdu, jettes-toi
Dans le doux régime crétois

La poésie de ...

GAINSBOURG

« On dira de moi ce que l'on a dit de Baudelaire ».

Gainsbourg a profondément influencé la pensée des sixties et il m'a fait tomber dans la marmite de la sensibilité turbulente.

La provocation, le dérisoire érigés en système de pensée poétique, cette façon de transformer « la beauté du laid », de vous enfoncer les aiguilles de sa propre souffrance dans les points précis de nos déchirures.

Je vois que quand Gainsbourg écrit « Mélody Nelson », je te rencontre et nous fusionnons nos solitudes : de 68 à 85 c'est l'époque de ma vie insouciante. Riton est mon Gainsbourg de voyage. Nous avons le même biorythme.

Je ne me rends pas compte que nous vivons sur le fil de sa poésie, qu'elle m'imbibe, qu'elle m'inhibe.

Sa poésie est le cri de l'homme blessé, qui « fuit le bonheur avant qu'il ne se sauve ». Il va me montrer la voie, celle d'un monde que je dois traverser mais qui n'existe pas : un monde où ceux qui m'aiment ne me comprennent pas.

Puisque je suis le vent qui pousse les nuages, dans les fugaces éclaircies je dois construire une décevante histoire.

Gainsbourg me dicte des principes moraux à géométrie variable. Comme lui j'ai «la perversion de l'esthétisme », comme lui je n'aime que pour mieux souffrir. Les femmes sont toutes belles et définitivement plantes carnivores, elles vont te phagocyter puis te régurgiter. Muses de toutes les douleurs, elles sont là pour que le poète crie son agonie.

Gainsbourg tu as poussé ton mythe jusqu'à ta mort, ne nous laissant que la perspective de la nôtre.

Olive

Olive délicieuse épouse de Popeye
Arrachée par les rafales
Tu reviens en bois flotté
Tu es le fruit doux et velouté
Qui remplit l'amphore des temps lointains

Olive dont le chignon, est celui de ma grand'mère
Tu fais le lien entre l'aride terrain et la mer
Tu vas nourrir le corps décharné du vieillard
Le vent âpre de l'automne jette déjà tes fruits épars

Ton huile, olive, oint les métisses
Tes racines souffreteuses et nouées
Fouillant les terres retournées
Jusqu'au tombant du précipice

Engraisse la grive émigrante
De tes offrandes éphémères
Entre tes doigts retiens la terre
Passe la paix des vies errantes

Pensées éparses

Dans un village de Corse le cousin du père de JF a tué le facteur sous le prétexte qu'il ne lui apportait jamais de lettres !

Seule l'utopie nourrit l'espoir.

Les attaques désespérées de la vieillesse contre mon enveloppe charnelle sont inutiles ; Je serai vieux... si je veux.

Ma compagne pense que la nourriture est une thérapie : toute nourriture qui procure une jouissance gustative est à proscrire. Pas de vinaigrette dans la salade, pas de beurre dans les épinards.

L'obscurantisme ne se développe que dans les pays développés : les peuples de la forêt et du désert doivent raisonner pour survivre. Le surnaturel suffit à leur bonheur.

La religion est l'opium du peuple ; fume ! c'est du Belge.

La double peine : un boudin annonçant la météo en Bretagne

Je pensais avoir dix amis : j'en ai douze.

Mes enfants ne m'importunent aucunement : Ils ont compris très tôt que je pouvais surtout leur donner de l'affection. Ceux qui éventuellement espéraient autre chose ne me parlent plus.

La mort à ce qu'on dit est une délivrance
Mon docteur récemment m'en a fait l'ordonnance

Je ne suis pas contre le mariage pour tous.
Je suis contre le mariage pour moi tout seul.

J'ai compris que, contrairement à une idée reçue, l'amitié n'est pas un partage. On peut considérer quelqu'un comme un ami sans qu'il s'en doute. Comme on peut penser que tel ou tel est un con sans le lui dire.

En Corse les vieilles s'habillent en noir, les veuves s'habillent en noir, les grosses s'habillent en noir. Il n'y a guère que le curé et les confrères pour égayer un peu la rue de vêtements colorés.

Le curé de Porto-Vecchio a béni de force une source qui se cachait depuis un siècle dans un épais maquis. A peine mise à nue, le prêtre s'est jeté sur elle comme la vérole sur le bas clergé, et les bêtes de la forêt s'abreuvent désormais d'eau bénite.

La vie est un rêve inachevé…

L'éboulis

Au détour du sentier... un éboulis de pierres attire mon regard : depuis trois heures je parcours cette trace dans une forêt de pins et de feuillus, mes mollets commencent à siffler. Je m'assiérais bien sur une souche, mais c'est salissant et il n'y a pas de dossier ! cet éboulis de pierres est accueillant : délavé par les pluies il est aussi propre qu'une baignoire de vieille fille, il semble à première vue, parfait pour se laisser glisser dans son berceau, si parfait que d'autres ont dû le pratiquer ! Une pierre ronde fait office d'appui-tête. Je m'y calle et écoute les bruits de la forêt, que dis-je ? le récital de la forêt. Oui, la forêt a sa propre musique. Une musique douce comme la caresse du vent dans les hautes branches. Les instruments plus aigus des oiseaux et des grillons. Un ruisselet égraine quelques notes rafraichissantes. Une berceuse, en fait, et je m'endors.
Aussitôt me voilà l'objet de multiples attentions : un lutin délicat glisse sous ma nuque un tapis de mousse, un troll attentif vient chasser d'importuns moustiques avec une herbe folle, une fée passe et repasse dans la clairière, pour voir si je ne manque de rien, comme un chef de rang entre les nappes damassées d'un quatre étoiles, un elfe enfin vient me dire des choses d'une douceur infinie. Un gnome à l'air érudit prétend me prédire l'avenir ! je lui explique que je n'ai plus qu'un passé. Il insiste ! je lui dis alors qu'il est un VRP des espoirs déçus. Il en convient et s'éloigne.

Dansent ensuite les farfadets, comme des gitans autour d'un feu, évanescents ils sont voilés de nuisettes de brumes et de feuilles mortes.
J'avais oublié que tout ce petit monde existait, depuis mes séjours dans les forêts de mon enfance, qui étaient des cachettes, et souvent des refuges.
Et je m'en voulais. Je tends la main pour toucher celle d'un lutin, en signe de reconnaissance. Il fait un bond en arrière et disparaît.
J'ouvre la bouche pour dire une amabilité à cet elfe charmant, il s'évanouit.
J'applaudis la danse légère des farfadets en petites tapes discrètes mais je les effraye !
Contrarié, je me réveille la forêt bruisse toujours de ses faibles babillements. Le soleil est haut, il perce les feuillus et éclaire vivement le tas de pierres.
Je comprends que ces pierres ont été posées là par des hommes. Etait-ce un mur qui séparait des territoires ? ce qui reste d'une cabane ? un barraccu où les bergers et les chasseurs mettaient leur spuntinu à l'abri ?
Cet amas de pierres est aussi fréquenté aux heures ouvrables. De leurs commissures sortent ici et là des cloportes, un scarabée, des araignées portant leur progéniture. Cet éboulis est un véritable HLM !
Tout ce petit monde s'active ! Certains ont du goût pour la décoration ! les balcons sont agrémentés d'un tapis de mousse et plantés de petites fougères.
Soudain l'effervescence ! est-ce une descente de police dans l'immeuble ? Non un lézard jusque-là seulement intéressé par le chauffage solaire, a un petit creux. D'une improbable margelle, suinte quelques gouttes d'eau. Un papillon d'une

banalité rare vient y faire le plein. Oui le papillon carbure à l'eau et au vent.
Très concerné par les énergies renouvelables il pompe l'eau en battant des ailes !
Je suis rassuré : les lutins, les trolls, les gnomes, les farfadets et les elfes ne m'ont pas oublié !! je me lève à regret, ramasse ma maigre cueillette faite de quelques champignons et d'une poignée de gratte-cul, et fais un petit signe à mes nouveaux amis en leur promettant de revenir en bonne compagnie.

L'HIVER

Loin des pyramides
Dans mon ile humide

Je descends le Nil
En pensées futiles

Robes transparentes
Brumes évanescentes

Tout autour de moi
Nature en émoi

Les oiseaux voraces
Me parlent de toi

Un parfum fugace
Entre sous mon toit

Depuis l'autre rive
Et j'ouvre mes bras

Mais tu n'es pas là
Cléopâtre arrive !

Quatre saisons

La terre continue de tourner
Comme si de rien n'était
Alors que ma dulcinée
Avec moi, va passer l'été

Les fleuves coulent monotones
Alors que je vais passer l'automne
Dans les bras de mon amour
Sans voir raccourcir les jours

Les frimas couvrent la terre
Et voici venir l'hiver
Nous n'avons vraiment pas froid
Sous la couette et dans les draps

Puis reviendra le printemps
Nous serons comme le temps
Alors montera la sève
Et nous poursuivrons le rêve

raciste moi ? jamais

A force de vouloir baiser des métisses et ne pas vouloir de nègres dans la famille, nous allons tout droit dans une impasse.

On voudrait contingenter les immigrants, surtout ceux du Sud, du grand Sud, faire de l'immigration choisie.
On préfère avoir des consanguins que des bâtards. Un arabe riche, surtout avec puits de pétrole, n'est plus un arabe, enfin plus un bougnoule. Il devient fréquentable.
Mais il ne veut pas aller s'enterrer dans un village de montagne et élever des cochons. D'ailleurs les arabes n'élèvent pas de cochons !
Yannick NOAH n'est plus un nègre depuis qu'il a gagné ROLAND GARROS ! Donc j'en déduis qu'un arabe ou un nègre fréquentable, est celui qui arrive avec sa carte bleue.

En Corse trois cent mots du langage sont d'origine berbère et nos maghrébins sont comme des poissons dans l'eau.
Ce n'est pas une raison pour qu'ils nous colonisent : c'est le monde à l'envers ! enfin !
Le tourisme sexuel pratiqué par les blancs, consiste à aller baiser des métisses ou des fatmas, ou des fatous, ou des « niaquoués » : allons ! tout espoir n'est pas perdu !

75

Surréalisme vital

Désastre annoncé d'une pluie d'étoiles
Fonds abyssaux d'océans de larmes
Croise avec moi le fer de l'innocence
Pose tes armes
Et donnes un sens

De cette vie ternie de noires certitudes
Engoncée dans la gangue de pales habitudes
Fermée sur le destin des mondes inconnus
Trouvée aux coins des rues
Au fil des rencontres

Toi qui rayonne et pourtant obscurcis
Paroles d'évangiles pour vierges effarouchées
A peine éveillée et déjà enfourchée
Par un diable pervers
Ou un dieu malfaisant

Issu de nulle part, creuse une galerie
Capricorne obstiné qui vient ronger la nuit
A l'aube de ce drap noir sans lune
Flirtent les corps efflanqués
D'irréels farfadets

Vaincu par tant d'insignifiance
Aveuglé par mon insouciance

Fausse piste

Marchant sur une fausse piste
Je croise l'évêque négationniste
Connaissant mes visions athéistes
Il me déclare irrédentiste

Moi qui suis plutôt fantaisiste
Et avec mon âme d'artiste
Il voit bien que je lui résiste
Et veut me présenter le christ

Je le traite alors d'arriviste
De déchet, de tête de liste
Que ses déclarations racistes
Empreintes de relents fascistes

Evitez donc les fausses pistes
Et les hordes d'obscurantistes
Les évêques négationnistes
Et préférez-leur les artistes

L'Italien

Je revendique mon Italianité : Contre l'ennui, contre le stress, contre la mort lente de la vie quotidienne rien de tel que la vie à l'Italienne : tout est bon dans le latin, dans le Sarde, dans le Toscan, dans le Sicilien, dans le Ligure, dans le Calabrais…Tu vis, tu parles, tu es toujours heureux de me voir, alors même que tu ne me connais pas.

Ton regard panoramique et circonférentiel sur la femme qui passe lui donne une beauté qu'elle-même ne soupçonne pas, tu es le pays de l'art parce que tu sais regarder la beauté.
Le Français mange : l'Italien goûte. Le français a les patates : l'Italien les pâtes. Le parallèle entre les patates et les pâtes est qu'à partir d'une base neutre on puisse tirer des mets différents : Des pennes n'ont pas la même saveur que les spaghettis et les frites, pommes vapeurs ou sautées, et purée sont autant de variation de ce tubercule.
La différence est dans le rituel du repas.

Le Français mange avec appétit, l'Italien mange par plaisir, le Français est pour le plat principal, le plat du jour, la finalité est d'être repu. Le roboratif…
L'Italien mange pour partager, le tableau des antipasti est une harmonie, les couleurs de l'aubergine, de la tomate, l'or de l'huile d'olive, le roux du safran, mais le technicolor est rehaussé par des fragrances qui se heurtent et se

complètent, de thym et de serpolet, de pesto et d'ail, d'olives et de soleil.
Tout est là sur la table et l'amitié superficielle, bruyante, tactile s'installe et nous inhibe : c'est le partage.

Ainsi en est-il de son amour immodéré de la femme : Nous avons tout à apprendre. Les femmes rêvent toutes d'un Italien mais n'ont de cesse que de s'en défendre ! Elles le décrivent comme hâbleur, dragueur, macho, fanfaron, superficiel mais elles fondent devant le séducteur, écoutent lorsqu'elles sont seules les chanteurs de bel canto et ne résistent pas devant le romantique qui sommeille en tout Italien.

Avec la femme l'Italien est comme le chat avec la souris : Il ne veut pas la consommer, juste s'amuser. Ce jeu éternel de l'amour, ce marivaudage est l'essence même de la relation entre un homme et une femme.

Celui qui veut séduire pour satisfaire ses bas instincts ou ses pulsions est un animal.
Il réduit la femme à son rôle de génitrice.

L'Italien donne à la femme ses lettres de noblesse : il n'en fait pas une pute mais une œuvre d'art, un objet de culte et non un objet sexuel, un luxe et non une fonction d'usage :
Oui, toi l'Italien tu m'as appris à aimer les femmes.
L'Italien est délicieusement superficiel : leur premier ministre fait des partouzes, leur premier député Européen

79

de gauche était une star du porno. C'est leur façon d'être anticlérical, anti conformiste !
Le paraitre pour se soustraire à la réalité, si terne, d'un pays en lutte contre l'obscurantisme religieux. L'Italien cache sous trois couches de vêtements des plus grands stylistes une sensibilité d'écorché vif.

Tu nous as fait sortir du moyen âge en nous ouvrant à la renaissance, je compte sur toi, l'Italien pour nous faire rire de cette vie de merde.

Vieillesse

Pales incertitudes d'une vie qui s'étire

Tristesse infinie de la fin d'un délire

Des amours fugaces qui validaient nos rêves

Jusqu'à l'aube bleutée de la nuit qui s'achève

Terre ocre ou rougie du sang de nos conquêtes

En bestiales ébats qui nous tournent la tête

Avoir tout imbibé des larmes des ruptures

Pour finir épuisé, faisant pâle figure

Que ce qu'on a aimé s'assèche et s'évapore

La voile effilochée nous mènera au port

Les caboulots fumeux de l'enfer nous accueillent

Ces femmes tant aimées qui aujourd'hui s'effeuillent

Oui vraiment la vieillesse des autres m'insupporte

Et c'est pourquoi je dois la laisser à la porte

Ma fleur

C'est cette fleur que j'adore
Celle douce comme du velours
Qui me frôle lorsque je m'endors
Qui s'entrouvre dès le point du jour

Cette fleur odoriférante
Magique et toujours présente
Celle que je cueille le soir
Et qui entretient mon espoir

Une cure naturopathique
Une infusion de vrai bonheur
Cette fleur un brin narcotique
Ma belle germée dans mon cœur

Julia

Comme un colibri
Tu fais du surplace
Tu cherches un abri
A la vie qui passe

L'amour qui te guette
N'est pas dangereux
Seulement la quête
D'un bonheur à deux

Et dans le miroir
De tes yeux craintifs
Je pourrais y voir
Un désir festif

Et si tu l'osais
Je serais ravi
Et d'un doux baiser
Changerais ta vie

La canicule

S'abattent de lourds hannetons
Qui font le dos rond

Bruissent dans ma cuisine
Au fond d'une bassine

Scarabées suicidés
Tués par la chaleur
Ainsi en est-il de mon cœur
Par ta flamme, attiré et vidé

Canicule fatale
Evapore les rêves
Se termine en un râle
Je t'implore une trêve

Mais tu n'en as que faire
J'irai trouver l'hiver

J'irai aux antipodes
Et t'écrirai cette ode

La crise

De temps en temps je crie famine

Ma libido fait grise mine

Ma belle m'a mis au régime

Et mon calvaire se termine

Je me dope à la dopamine

Je me roule dans la farine

Quand je ne trouve pas la rime

Je me réfugie dans le spleen

La décoction

Nous ne sommes ni plus, ni moins, qu'une décoction de sentiments, de ressentis, de pulsions, de haines, de rancœurs, de frustrations. Bouillie et rebouillie dans le chaudron de nos vies ordinaires, la décoction se résume, à l'âge mur à un condensé complexe. Pour avoir cru au grand amour, celui qui est éternel, n'effeuillons pas la marguerite : mettons dans le bouillon les plaisirs éphémères des rencontres fortuites. Parce que nous avons cru en l'homme, ajoutons-y les trahisons amères et les perfidies inattendues.

Certain d'être indispensable à notre cité, saupoudrons de l'extrait résiduel de nos vanités, désormais risibles, notre « œuvre » dérisoire tombée dans l'oubli, nos courtisans d'alors léchant d'autres totems.

Beau et intelligent, happy few des années où les pauvres d'alors vivaient mieux que les riches de maintenant, mettons deux cuillères à soupe à la grimace, deux cuillères de la pitoyable soupe que nous avons mijotée, à base de carottes et de bâtons, Rastignac de comptoir, désormais au rebut.

Imbibés de pesticides, que diriez-vous d'un peu de bio, pour améliorer l'ordinaire ? La décoction sera tendance, avec un label « sans truc et sans machin », dépourvu du sel de la terre, aussi pure que du Canigou.

La quintessence de la bêtise humaine, ajoutée à petite dose, donnera à la décoction un goût subtil et peut être amusant.

Pour la boire il faudra payer, car tout a un prix, même l'eau bénite, même l'eau tout court.

Cette décoction sera l'élixir du bout du monde, là où se noient les égoïsmes, les peurs insoutenables, les espoirs et les regrets, la douleur des amours perdus.

Elle se consommera seul ou en groupe, mais entre initiés, de ceux qui auront mis dans le chaudron un peu de leur passé, un peu de leurs pensées, un peu de leur sagesse retrouvée, de leur confiance dans le néant.

De son ingestion ne naitra ni un Obélix nouveau, ni un être resplendissant, mais un petit mec, les yeux et les bras grands ouverts.

Histoires coloniales

J'ai eu la chance d'avoir des parents égoïstes. Et aussi de passer ma jeunesse aux « colonies » !
Cela m'a donné le grand avantage d'être élevé par des domestiques, et éduqué par mes instituteurs, mon frère ainé et moi-même.
Nous débarquâmes à la Martinique peu avant NOEL, mon père, sa nouvelle épousée et mon frère ainé.
Je ne savais pas ce qu'était NOEL.
Un ami de mon père, commerçant prospère de Fort de France, monsieur DONGAR, allait nous l'expliquer. Il nous invita à passer le soir de NOEL chez lui. Il y avait un sapin, essence assez rare sous les tropiques, arrivé de France par bateau en colis frigorifique. Premier miracle !
Il nous demanda de nous déchausser, mon frère et moi et de mettre nos sandales devant le sapin.
Puis d'aller manger dans la cuisine avec ses enfants. Ses enfants parlaient à table, ce qui nous était interdit. Ils pensèrent que nous étions muets ou que nous ne parlions pas la même langue.
Mon père ne nous avait jamais parlé du petit jésus et ce, pour deux raisons : il était parti à la guerre en 38 et était revenu en 45. Il avait fait une prisonnière : ma belle-mère. Et deux enfants pendant ses permissions. La seconde raison est que ses parents ne lui en avaient jamais parlé non plus.
Il semblait embarrassé de cette participation à une fête qu'il eut préférée païenne !

Père athée et belle-mère ardéchoise, j'ai compris à postériori, que nos chances d'avoir des cadeaux à Noel, étaient aussi minces que d'assister à une chute de neige à Fort de France.
Et pourtant il y eut un deuxième miracle après le sapin congelé ! Le père noël était passé : Cet individu a un sens aigu de la hiérarchie : les enfants de notre hôte, reçurent train électrique et mécano, mon frère ainé un harmonica et moi une balle en caoutchouc et une orange de taille similaire. Je n'ai toujours pas compris pourquoi mon frère avait eu un harmonica.
Puis mon père et sa femme s'étant acclimaté aux tropiques, ayant assimilé la transition des métisses vers la race noire partirent en Afrique ...

Au Sénégal un blanc de qualité se devait d'avoir du personnel ancillaire. Ce n'était en aucun cas considéré comme une marque de mépris de la part du maître des lieux, mais comme une juste répartition des richesses et des revenus.
En fait, ça préfigurait les échanges Nord-Sud : prendre tout et donner le moins possible !
Mon père avait opté pour la totale : Fatou, Cuisinier, Boy et chauffeur.
Le chauffeur restait sur le pas de la porte et nous (mon frère et moi) le fréquentions assez peu.
J'ai toutefois gardé de lui le souvenir d'un homme très civilisé, habillé de kaki comme un fonctionnaire colonial et dont je pensais que son rôle essentiel était de conduire la

Range-rover du service pédagogique de l'AOF pour aller à la chasse.

Il s'appelait TOURE et mon père nous avait signalé qu'il était Toucouleur, ce qui, apparemment, devait avoir son importance. Sur la piste, il s'arrêtait à l'improviste, sans que nous ayons déclaré d'envies subites, disposait une natte tressée au milieu de la piste et priait. Cet homme avait la foi. Mon vieux laïcard de père, marmonnait lui aussi dans sa barbe sur le risque d'arriver après le lever du soleil, à cause des bondieuseries de son cocher.

En général la prière était interrompue et la natte roulée, à la moindre contrariété.

En brousse, il n'y a pas une seconde qui passe sans que l'on s'égratigne sur un épineux, sans qu'un insecte peu amène vous frôle, sans qu'une bestiole vous toise et sans que les cram-crams vous décorent.

Le moindre de ces événements interrompait la prière.

J'ai alors compris la différence entre animiste et musulman, les créatures de la forêt ne croient pas en dieu car elles sont des dieux.

Le boy est un personnage dont la fonction n'apparaît pas au premier regard : il est souvent assis sur ses talons et se brosse les dents avec un bout de bois pendant une heure à une heure trente par jour. Mon père m'a dit qu'il gardait la maison.

Souvent je pensais qu'il s'occupait du jardin et qu'il faisait bruler des herbes. Très rapidement j'ai constaté qu'il les fumait.

On ne parle pas au boy, on lui sourit quand on est petit et on l'engueule quand on est grand.

Là aussi j'ai appris que mes copains de classe ou du foot parlaient Ouolof, comme moi d'ailleurs, et que le boy pratiquait un dialecte bizarre d'au-delà du fleuve. Il s'était aussi lacéré le visage. Mon père, qui connaissait les traditions Africaines, me dit qu'il l'avait fait avec un tesson de bouteille, sans m'expliquer pourquoi.

Le cuisinier, N'DIAYE, bénéficiait de l'estime inconditionnelle de mon père : Il l'avait ramené d'une de ses missions en brousse. Sur le Dakar Niger, chaque wagon de première classe disposait de deux chambres, salon-salle à manger et cuisine.

Chaque wagon était occupé par un ou deux blancs. Il y avait donc un boy-cuisinier.

N'DIAYE avait atteint, aux yeux, et surtout aux papilles de mon père, un degré de civilisation extrême : Il mitonnait un bourguignon de zébu avec un tel savoir-faire que l'on aurait cru du charolais. Du moindre perdreau que mon père chassait lorsque le train s'arrêtait en rase brousse, N'DIAYE prélevait le foie, le tartinait sur des toasts puis l'humectait d'une goutte de cognac, et enfin disposait le volatile sur ce canapé.

Mais j'ai gardé pour la fin, ma préférée : la fatou.

La fatou est l'âme de la maison.
De ses atavismes tribaux, lui viennent cette disponibilité permanente pour les choses de la maison. Et comme dans la maison il y a les animaux domestiques et les enfants elle s'occupe des deux. Ayant perdu ma mère très jeune, je n'ai connu que des grands parents et des fatous.
Mes grands-parents paternels m'envoyaient me coucher sous la contrainte et je ne les voyais plus jusqu'au lendemain. Ils étaient tous les deux directeurs d'école à l'ancienne et en retraite. C'est-à-dire qu'ils partaient du principe qu'un enfant était en fait, de base, un garnement et que s'il ne recevait pas chaque jour une raclée, il ne pouvait avoir une croissance normale ni le certificat d'études
Je persiste toutefois à penser que je méritais ces raclées. Ma grand-mère avait gardé depuis sa période professionnelle, un martinet. Mon grand-père qui était un humaniste, lui en déconseillait l'usage, ayant pitié de nous, il préférait le sarment de vigne qu'il trouvait plus efficace.
Mes grands-parents maternels étaient Corses et socialistes. Ce qui, à l'époque n'était pas incompatible. Eux pensaient qu'avant de dormir il fallait que l'enfant reçoive un bisou.
C'était nouveau pour moi. Je n'avais jamais eu de bisous avant. Et j'aimais ça. Je ne me suis jamais arrêté depuis.
Donc j'ai appris à la fatou le rituel du bisou et elle n'y aurait dérogé pour rien au monde, mon frère en a profité aussi.
Ce secret bien entendu n'était connu que de nous seuls.

Nous n'avions la fatou et moi aucune pudeur. Des fois elle renouait son boubou en déversant à portée de main une poitrine généreuse. D'autre fois, c'est elle qui me savonnait sous la douche, comme on étrille un cheval, avec du savon noir et un gant de crin.

Quand mon frère et moi eurent quitté la case, la fatou, à son tour, repartit dans son village.

Quand j'y réfléchis, je me dis que j'ai eu une chance inouïe de vivre dans une tribu ! Et que j'étais heureux. L'Afrique est restée gravée au plus profond de moi.

Pour toi cette pensée du matin

Quelque part le soleil rouge

De tes cheveux incandescents

Image fixe qui en moi bouge

Me fait même bouillir le sang

Petit oiseau tombé du nid

D'un amour déçu et cruel

Laisse-toi aller sous mon aile

Et ce passé tu le renies

Pour construire une histoire plus belle

Une histoire de bonheur réel

Où le seul but du lendemain

Sera de se donner la main

Le sein honoré

Depuis hier ma femme adorée

Je sais mon gâteau préféré

Et c'est lorsqu'il est préparé

Le délicieux saint Honoré

Que tous les jours tu me sers

A l'heure bénie de nos desserts

Aussi reçois ces quelques vers

En espérant pouvoir te plaire

Afin de pouvoir espérer

Ces prochains jours, t'honorer

De Balzac

La pétole

Ça y est : tombé le vent de noroît
Nous voici encalminés
Toi et moi

Que faire sinon se câliner
En attendant la risée
Qui nous poussera

Bientôt la mer commence à friser
Allez, à poste matelot
Sur les vagues du désir
Regarde vers Altaîr
L'étoile nous montre le chemin
Où nous irons main dans la main

Lors de la prochaine pétole
A proximité de l'atoll
Je te donnerai mon âme
Sur la crête d'une lame

La lettre

Je t'écrirai des choses incroyables, même pas vraies, des choses que je ne pense pas mais que j'ai en moi. Tu ne me croiras pas et tu auras raison puisque ces choses ne sont même pas vraies.
Mais parce que ces choses sont évanescentes, voilées, ce sont des rêves et on ne peut les saisir.

Bien sûr que je ne t'aime pas puisque je ne suis capable que de pulsions, pas de sentiments. Que ton petit corps chaud comme un pain au chocolat ne m'inspire qu'un désir de bas étage.

Ne t'en fais pas je ne vais pas t'imposer ma présence vampirisante dans une vie quotidienne si bien réglée, shopping, bavardages, salon de beauté vas-y seule…

Mais je t'écrirai à perte de vue, à perte de vie, à pertes et profits exceptionnels, car même pour te dire que je ne pense pas à toi, ce n'est même pas vrai, je t'inviterai dans une vie imaginaire dont je ne connais rien mais qui sera plus belle que l'espoir.

Tu entreras dans un monde sécurisé où les sentiments prennent le pas sur les apparences, sur les egos.

Tu n'auras envie que de donner de l'amour et d'en recevoir. Tout te paraîtra plus beau car tu regarderas mieux. Un papillon, une fleur, une mésange seront autant de messagers de ta gourmandise retrouvée. Tu ne penseras pas que je suis un détraqué de trop t'aimer.

Ceci n'est pas vrai, tout est en rêve, les ruisseaux de nos sentiments contenus deviendront des torrents. Dans leur furia ils emporteront notre jeunesse, et ne laisseront que des souvenirs.

Et le regret de n'avoir pas cru à nos mensonges, d'avoir renoncé à vivre nos rêves, la peau douce qui nous empêche de dormir, la vie et le temps qui s'écoulent désormais sans nous.

La mésange

Ce matin ouvrant ma fenêtre sur l'aube de ce nouveau jour
Toute ébouriffée de sa nuit, craintive et curieuse à la fois
Une mésange virevoltante est venue me parler de toi
J'ai cru deviner dans son chant la promesse d'un nouvel amour

Indécrottable romantique, incorrigible sentimental
Prêt à donner et recevoir, sensible à ses doux gazouillis
Voilà pas que je tends les bras, entrouvre mon carnet de bal
Tu seras là, oui, j'en suis sûr, la mésange me l'a promis

Mais la raison vient et repasse
Triste comme un poisson dans sa nasse

Me dit tant de bonheur espéré
Alors que le jour apparaît

Ce serait une belle histoire
Un rêve qui arrive et repart

Un flux qui traverse le corps
La mésange partie je m'endors

La nostalgie

C'est con la nostalgie : déjà ça sonne mal, comme une maladie, comme une pubalgie.

Personne ne sait quoi.

A l'ombre qui s'étend sur la nuit des temps, un voile diffus qui parle de bonheurs anciens.

Hier nous étions prêts, jeunes, énergiques, vivants. Et nous n'avons rien fait. Nous avons attendu maintenant.

Et on constate un monde sans intérêt, un monde où coulent d'immondes rigoles, purulentes de la crasse des hommes qui crachent par terre.

Et on nous dit, on nous chante, on nous conte, on nous invite à la nostalgie.

Un temps où les vieux avaient la délicatesse de mourir jeunes. Mais où patiemment, jusqu'au dernier souffle, ils ne ménageaient pas leur peine.

Un temps pour les enfants éduqués par la marche des saisons, satisfaits de babioles.

Les souvenirs ne servent à rien, ressasser c'est exorciser un passé banal alors que seuls les rêves et le monde imaginaire de l'enfance nous ont saupoudré de quelques bonheurs fugaces.

De la force, pour laisser la nostalgie dans les oubliettes du temps. Qu'elle aille dans les immondes rigoles du passé.

De la force, pour rêver encore et toujours, à des impossibles voyages, et donner la main à la beauté du jour.

La réincarnation

Une de mes récentes conquêtes me narrait avec délectation sa croyance inébranlable en la réincarnation. Comme la seule évolution qui l'intéresse vraiment est celle de son corps vieillissant, elle se verrait bien réincarnée en hamster agitant ses petites pattes pour faire tourner à l'infini un panier à salade rotatif.

Je ne partage ni ses convictions, ni ses loisirs sportifs. Quant à moi je ne crois pas à MA réincarnation. Quitte à croire à quelque chose je préfère penser que je suis moi-même le résultat d'une réincarnation réussie, en fait le produit fini après moult tentatives infructueuses ayant donné de piètres résultats : des animaux hideux et agressifs, affamés et égoïstes, et mêmes des humains avec lesquels je n'ai nulle envie de partir en vacances. Et pourquoi ne serais-je pas la réincarnation d'un hamster sauvage, si ça existe...

Du hamster j'ai hérité d'une appétence sexuelle hors du commun et d'une activité débordante, que je préfère concentrer sur des activités productives et non, reproductives, sans négliger les activités de plaisirs que je place avant les activités de loisirs. Du hamster, de même, j'ai cette tendance à la surcharge pondérale, personne ne m'ayant offert un panier à salade rotatif, ce que je déplore. Du hamster j'ai aussi ce regard narquois sur le monde qui m'entoure : c'est sûr, dit le hamster lancé dans son mouvement perpétuel « elle tourne la terre » ! Galilée réincarnation en hamster !

Oui le hamster dit à la blonde : bon poil, bon œil ! ma fille on n'a pas fini de s'emmerder.

La SAGESSE

La peur du gendarme est le commencement de la sagesse ! dit-on : je vois poindre cinq années de sagesse ! non, la sagesse contrainte n'est pas acceptable. Quand j'étais petit, ma grand-mère me disait « sois sage » et je ne comprenais pas ce que cela voulait dire, si ce n'est que ces termes étaient toujours associés, et en général mettaient un terme, à des activités qui me procuraient quelques joies : par exemple crier, exciter le chien, grimper aux arbres et donc très longtemps pour moi la sagesse était liée à une notion de contrainte, de frustration, voire d'ennui. A l'adolescence on a failli m'expliquer qu'il fallait que je reste sage c'est-à-dire sans pulsion et d'une manière générale ma vie d'adulte, désormais derrière moi, n'a pas été très sage, selon le sens que je connaissais au vocable. Maintenant je découvre que ce mot a un sens caché : Le mot lui-même est lourd et profond.

Mais la sagesse a ses limites : l'extrême sagesse, selon Sénèque est le stoïcisme qui élimine toute passion, à quoi Erasme répond « un être sans passion n'existera jamais, ce serait une idole stupide, dénué de tout sentiment et aussi insensible que le marbre »

« On ne reçoit pas la sagesse. Il faut la découvrir soi-même, après un trajet que personne ne peut faire pour nous, ne peut nous épargner » ... Proust

Car la sagesse non plus ne s'enseigne pas contrairement à ce que prêchent les hindouistes de tout poil, qui en ont fait leur fonds de commerce. En effet, dixit Héraclite :
« Un multiple savoir n'enseigne pas la sagesse ».
Je voudrais aussi vous narrer ce conte de Victor HUGO :
« J'ai vu un jour un hippopotame marcher sur une taupinière ; il écrasait tout ; il était innocent. Il ne savait même pas qu'il y eut des taupes, ce gros bonasse de mastodonte. Mon cher des taupes qu'on écrase c'est le genre humain. Mon garçon les carrosses existent. Le lord est dedans, le peuple est sous la roue, le sage se range. Mets-toi de côté et laisse passer ».
La vraie sagesse est dans le compromis : courage ! fuyons.
« Les sages maîtres d'eux-mêmes en action et en parole, les sages qui maîtrisent leur esprit, voilà ceux qui méritent le nom de maîtres. » Bouddha
Pour ma part je me contenterai de cette sentence de La Rochefoucauld :
« Qui vit sans folie, n'est pas si sage qu'il croit »

La veuve

Elle a trop attendu. Depuis la mort de ce cher Alexandre, il s'est passé dix ans et maintenant la veuve pense que sa libido retrouvée au service d'un corps qui était bien regardé, mérite une attention.
Il faut être de gauche pour se dévouer, faisant fi de toute idée discriminatoire, défenseur du « minimum vieillesse sexuel », je mets à la disposition de la sexagénaire (mais oui : les sexagénaires sont celles qui espèrent encore !), mes dernières cartouches, que pourtant d'habitude j'utilise à bon escient.
La dame a mis un string qui a du mal à se frayer un chemin dans des masses gélatineuses et alvéolées. Je ferme les yeux. Ma bonne volonté va-t-elle suffire ?

Cet homme, pense-t-elle, fait l'amour d'une façon stupide.

Il demande je ne sais quelle forme de perversion qui dénote l'obsédé sexuel. Des caresses ??? et puis quoi encore ? Mon pauvre Alexandre n'en a jamais eu et il m'a fait cinq enfants.

Sa peau parcheminée est flétrie de n'avoir pas été assez caressée, les nerfs subtils de l'épiderme se sont sclérosés de n'avoir pas été sollicités, ses seins mêmes…quels seins ? Tout en elle est du domaine du souvenir.

Alors je pense aux peaux des métisses qui s'électrisent au contact comme un drap de soie, aux seins qui se tendent vers la main, aux lèvres pulpeuses d'une femme que je connais.

Et je continue à visiter mon musée des amours déçus, des collections perdues, de la vie bourgeoise qui n'a servi à rien, puisque sans jouissance.

Je ne savais pas que la pitié pouvait provoquer une érection, une pulsion généreuse, pour un bonheur fugitif, l'idée que le plaisir n'est pas une valeur familiale, ni même un concept social : faire l'amour comme on fait un don à la croix rouge.
La belle est allée se purifier, déjà elle s'enveloppe dans ses vêtements d'apparats, sortis pour la rencontre, l'aventure, le saut vers l'inconnu.
J'ai le sentiment d'avoir fait le bien, celui du devoir accompli, même pas honte de mes jugements sévères, j'espère que mes phantasmes n'auront pas de séquelles, je m'endors.

Le Bozon de Higgs

Que non, que non
Je n'ai pas découvert la Lune
Que non, que non
C'est là que naquit le Bozon

Fin de la guerre des religions
Voici enfin l'explication
Ouvrez les yeux les incrédules
Sur la petite particule

Notre monde était minuscule
Et personne ne l'avait vu
Même pas Dieu, du haut des nues
Ni le pape juché sur sa mule

Higgs, mon frère, t'es un malin
A un milliard de calotins
Tu as coupé lumière et son
Avec ton satané Bozon

Le bashing

Dans cette société intolérante et agressive qui est la nôtre le lynchage est devenu une thérapie contre sa propre médiocrité.

Ainsi il n'est plus possible de faire un geste, de prendre une initiative, d'avoir un poste à responsabilité, d'être un élu, de militer dans une association pour être immédiatement la cible des lyncheurs.

Cela s'appelle le bashing.

Les mêmes qui trainaient SARKOSY dans la boue, le traitaient de nain, de bling-bling, de voyou, les mêmes traitent HOLLANDE de mou, de gras du bide, d'incompétent, de froussard, de velléitaire.

Je dis les mêmes, car coulés dans le même moule, celui de leur échec, de leur insatisfaction, de leurs peurs. Alors s'installe la rancœur. Elle pourrait être positive, révolutionnaire, courageuse, à visage découvert, déboucher sur la remise en cause de cette société à bout de souffle.

Mais non elle ne s'épanouit que dans l'anonymat des foules aveuglées par la haine, rassurées par leur rassemblement, hurlant avec les loups. Dans la lâcheté des actions de ceux qui n'ont rien à proposer mais qui crachent sur ceux qui représentent une once de pouvoir.

Ainsi a-t-on vu ces mouvements organisés, télécommandés, manipulés, clamer leur haine de l'existant sans rien proposer pour le futur.

Tous ces beaufs rêvant d'un exil fiscal en Suisse alors que la plupart ne payent pas d'impôts.

Les réseaux sociaux ont vu fleurir ces donneurs anonymes de leçons, qui, hélas, n'ont ni l'intelligence de Voltaire, ni l'humour de Coluche et en sont réduit à donner le spectacle de leur médiocrité.

Pensées d'hiver

Il est déconseillé par le « qu'en dira-t-on ? » d'épouser des filles de l'Est. Le mur de Berlin les a parquées dans une vaste maison close.

Les phéromones c'est du pipeau ! comment feraient les bonnes sœurs pour échapper à la convoitise des paroissiens ? Des phéro-nones ?

50 millions d'amis ! 60 millions d'abrutis ! Pauvre France !

L'espoir fait vivre les désespérés : quand on est au fond du trou on ne peut qu'espérer en sortir. Inversement quand on a tout on est rongé par l'inquiétude de tout perdre.

Je suis tellement doué pour gagner ma vie que je ne vois pas l'intérêt de la perdre.

Un besogneux a besoin de repos. Il pourra ainsi réfléchir à l'inutilité de sa tâche et enfin entreprendre de ne rien faire.

Une salade sans assaisonnement c'est meilleur pour la santé des ruminants.

La fumée du cigare fait fuir les êtres les plus fragiles, réunit les compagnons du plaisir et les esthètes. La fumée de la cigarette dénote un manque de savoir vivre, une frustration latente et une tendance à la misère.

Il faut interdire les pilules anti vieillissement, et les pilules pour l'érection. Les gigolos ne s'y retrouvent plus. Moi-même je ne me reconnais plus dans ce musée Grévin ambulant.

La mer est polluée par ceux-là mêmes qui rêvent d'eaux cristallines.

Freddy a mangé son vélo d'appartement parce que le diététicien le lui avait prescrit.

Je suis pour le mariage homo mais contre le droit de cuissage.

Il faudrait créer une spécialité en médecine qui s'occupe des gens sains.

Je ne pourrais pas vivre de mon talent, je n'en ai point. En aurais-je ? que je ne pourrais pas être reconnu de mon vivant. Vu mon âge !

Qui est ce ?

Cet homme avait le visage aigu de ceux qui ont séché au soleil.
Ses mains étaient comme des pattes de langoustes, velues et rudes. Ses yeux étaient comme deux billes d'acier et reflétaient l'âme des jours.
Il se mouvait lentement, comme un caméléon sans projet
Ses pensées, j'en étais sûr, allaient vers la compréhension du monde
Lorsqu'il se levait de son banc de granit, la nature environnante se taisait
Par respect,
Le bruit de la rivière lui disait le matin
Il allait fréquenter la rudesse des terrains épineux, des chemins caillouteux Cet homme est le représentant des espèces disparues, des purs habitants des planètes vierges
Il se glisse sans bruit vers la poussière des plateaux Des brebis indifférentes le rappellent à ses obligations quotidiennes. La pluie ne viendra pas.

C'est un Corse.

Le 24 Juin 2012

Le gendarme et l'araignée

J'ai pris conscience subitement en faisant le ménage qu'il y avait une grande similitude entre le gendarme et l'araignée.

Arrivent les frimas et les mouches et autres volatiles se font rares : alors les araignées tissent leurs toiles en quête du moindre moucheron, et se multiplient dans la maison.

Elles ne s'installent pas là où les relents de cuisine, l'humidité, ou la pénombre pourraient éventuellement favoriser le passage de quelques vermines ou autres bestioles, non bien en vue entre deux bouquins, des fois qu'un papillon tardif veuille consulter les conseils de jardinage !

Ainsi en est-il des gendarmes :
Ils ne traquent pas le dangereux délinquant, mais accorde leur préférence au jeune chevelu montant une guimbarde cabossée, là où la probabilité de l'infraction est grande et le risque de rébellion, nul. Ou, à l'inverse la belle bourgeoise dans son cabriolet qui va trop vite ou qui, délit dont les conséquences peuvent être incommensurables, a oublié de mettre son clignotant !

Oui, je sais, vous pensez que je critique l'ordre établi ! que nenni : en ne mettant pas son clignotant, cette blonde aux lèvres purpurines n'a, ni plus ni moins que failli provoquer une catastrophe en cascade. Imaginons en effet qu'au moment où elle amorce son virage à droite, un véhicule conduit par un jeune chevelu, évidemment sans permis, se propose de doubler le cabriolet, obligé de se déporter il se trouve face à un troupeau de brebis, le bougre aimant les animaux se précipite alors dans le maquis, son épave roulante heurte un rocher, l'étincelle enflamme les brindilles sèches, le feu se propage, les habitants des hameaux voisins s'enfuient...

Enfin vous comprenez que le rôle des gendarmes est de sanctionner sans faiblesse, les blondes en cabriolet et les jeunes chevelus, qui représentent à l'évidence un danger pour l'humanité.

L'araignée de son côté, n'a pas pour vocation de manger des frelons, plus suave est la chair des mites, papillons de nuit, fourmis ailées ou libellules.
Désormais j'hésite à enlever les toiles d'araignées car j'ai peur d'être verbalisé.

Le pôle d'incompétences

Cette volonté de vouloir s'entourer de gens qui ne t'arrivent pas à la ceinture, pour te donner le sentiment que tu es plus grand !

C'est le drame de tous les groupes humains.

Dans le monde animal le meilleur s'impose et se fait respecter. La meute chez les loups, la vie de groupe chez les grands singes, la vie naturelle s'organise comme un pôle de compétences : celui qui sait, parle, celui qui sait faire, explique, celui qui est initié, transmet.

Chez les hommes le groupe se forme autour d'un « leader » c'est à dire la plus grande gueule, le plus manichéen, le plus « habile ». Autour de lui se regroupent, non pas les meilleurs, mais ceux qui peuvent l'admirer, et lui faire dévotion.

C'est comme cela que se forment des groupes médiocres. Des conseils municipaux incompétents, des syndicats qui regroupent les aigris, les frustrés, les oubliés de la réussite sociale.
Des militants au service d'une juste cause, qui n'existent que parce que leur « leader » les a cooptés !

Ainsi l'organisation sociétale du monde s'organise autour de ce schéma : Le pôle d'incompétences.

Alors je te le dis à toi qui vas lire ces lignes : Dans ton genre, tu es le (la) meilleur(e)
N'essaye pas d'être le leader d'un pôle d'incompétences.

Comme dit le proverbe « au pays des aveugles les borgnes sont rois » quant à moi je préfère la citation de Pierre DAC : « au pays des aveugles, les borgnes sont mal vus ».

Le ravi
Dans la crèche provençale mon préféré c'est « le ravi » ! Ce brave garçon semble parfaitement inutile ce qui rend mystérieuse sa présence sur les lieux...
Après enquête, n'aurait-il pas été « braqué » par ce malandrin de Balthasar, qui dissimule sous des draperies excentriques, un physique de jeune de banlieue ? Ce qui expliquerait qu'il lève les bras... Mais alors pourquoi sourit-il ? sans doute parce que les explications alambiquées de Joseph, affirmant que sa femme est vierge et que Jésus est né dans un chou, prêtent à sourire.
Ce sourire ne serait-il pas dubitatif ? « Ah ! mon pôvre ami, si vous croyez à toutes ces sornettes... » dit-il en levant les bras au ciel.
Parlons-en de ce sourire : si le rire est le propre de l'homme le sourire en est sa parure, et la meilleure défense contre la méchanceté. Quand on sourit on rit aux anges, comme les bébés. Et le ravi rit aux anges, ce qui, compte tenu des circonstances, est bien le minimum. Et si ces vagabonds de rois mages étaient en fait venus faire un kidnapping ? alors le ravi devrait son nom à ses ravisseurs ... « où crèche tu ? » lui demandent-ils ... « Au Sofitel du mont des oliviers, regardez j'ai encore ma tenue le groom... ! » et Jésus, sponsorisé par Pampers, préfère en rire...

Les enfants

Lorsque ma fille eut quitté le nid familial et que seul mon fils restait à la maison je me dis que le calme allait revenir. Il n'en fut rien : Mes enfants sont des génies, si l'on tient compte des résultats obtenus, par rapport aux heures de cours suivies, le ratio est excellent : deux BEPC, deux BAC, 10 ans d'études universitaires sanctionnées par plusieurs certificats de licence, complètement inutiles, et pour finir femme au foyer pour l'une, chômeur pour l'autre. Donc, n'eussent été les nouvelles études de mon fils, tout semblait se calmer. Je plains ces parents dont les enfants, clonés par leur destin bourgeois, l'espoir concentré sur des fantasmes de premier de la classe, de grandes écoles, de réussite sociale, ne les voient même pas s'amuser, être malins, joyeux, intéressés par autre chose que les matières scolaires.
Pauvres gosses qui, au mieux ressembleront à leurs parents, au pire s'emmerderont dans- la vie encore plus qu'eux.
Le problème des enfants n'est rien, comparé au séisme des...petits enfants ! Lorsqu'ils naissent c'est un vrai bonheur. Le grand père gâteux devant ces sourires qui,

c'est évident, expriment l'admiration naissante de ces petits êtres pour leur ancêtre, n'y trouve rien à redire. Les premiers mois, voire les premières années sont un délice. Amarrés aux seins de leur mère, emmitouflés dans des dispositifs étanches, les longues plages de sommeil, interrompues par des nuisances sonores déjà stridentes, heureusement calmées par l'adjonction de dispositifs ad hoc, téton, tétine ou biberon, le chérubin ne présente pour les grands parents que des avantages !
Ce n'est ni plus ni moins qu'un jouet dont la contemplation, en nous rejetant aux fins fonds de notre enfance, a un effet des plus bénéfiques sur nos psychismes !
Mais cela n'a qu'un temps ! à force de vitamines, vaccins, blédines suractivées, le petit être croit rapidement : voilà qu'il fait ses premiers pas ! et ses premiers dégâts !
S'agrippant dans un premier temps à tout ce qui chancelle il atteint rapidement les bibelots et les cadeaux d'anniversaire, qui ont eu le bon goût de se faire oublier sur une table basse.
Passons sur les bleus, bosses, égratignures et autres traumatismes.
Comme dit sa mère : « ça lui apprend la vie »
Le père lui, va au bureau, mais la mère, aussi cool soit elle, commence à être au bout du stress et c'est là que l'on repense aux grands parents !
Normalement, un bambin a deux couples de grands parents, dans le meilleur des cas !

La technique consiste à user d'abord ceux dont la proximité permet d'utiliser les services à moindre coût mais quand ces limitrophes comprennent qu'ils n'ont plus l'âge d'élever, et pis, d'éduquer cette progéniture envahissante, force est de s'attaquer aux grands parents plus exotiques, même s'ils ne présentent pas les mêmes garanties de sérieux dans les horaires de repas et de sommeil, les temps consacrés à la télé, le laxisme avéré dans l'exécution des devoirs de vacances
(Quelle horreur !)
Premier conseil : « mettre un bras de mer entre les petits enfants et soi ! » Un deuxième problème est l'évolution de la société. Les grands parents ne sont plus vieux. Je suis de ceux qui, comme certains gérontologues, pensent que la vieillesse est une maladie.

Mais j'ai aussi une pensée pour toutes ces jolies grands-mères, auxquelles je conterais volontiers fleurette, et qui passent leurs vacances à faire des châteaux de sable dans la journée et à jouer à la bataille le soir, plus faire les supermarchés alors qu'un petit resto en bord de plage ferait l'affaire, plus s'ingurgiter deux heures de dessins animés débiles au lieu et place d'une soirée tapas :
(C'est moi qui invite !).
Bien qu'ayant donné des instructions strictes à mes petits-enfants, et alors que j'essayais de les fatiguer sur la plage, pour m'assurer une soirée plus tranquille, les voilà pas

122

qu'ils décident de se crêper le chignon en hurlant « papy, papy ! » Etant connu et apprécié sur cette plage par les grands-mères estivales dont je parle plus haut, je fais mine de regarder l'horizon, jusqu'au moment où, les monstres se jettent sur moi !

C'est déjà difficile de ne pas revenir bredouille par la simple exposition de notre plastique déclinante, alors là c'est le bouquet ! Grillé, cassé !

L'idéal, pense-t-on, est d'avoir deux petits enfants car « ils s'occupent » : erreur, un élément non pris en compte par les parents est que les petits enfants, sauf cas de jumeaux, n'ont pas le même âge, ni parfois le même sexe, donc pas le même rythme, ni le même caractère, ni les mêmes jeux. Alors oui ! ils « s'occupent » ! Essentiellement à se battre, à chouiner, et rapidement, le grand parent en est réduit à arbitrer le conflit permanent.

Mais il y a des instants d'intenses émotions tels que ce jour où, raccompagnant mon petit fils à l'aéroport, me sentant coupable de l'avoir engueulé pendant quinze jours, celui-ci m'a regardé et m'a dit « papy, tu vas me manquer ! »

L'image que j'ai gardée de mes grands-parents était celle de la rigueur et de la sagesse. Les enfants des villes allaient chez des grands parents aux champs. Mais j'ai gardé aussi l'image de grands parents qui ont toujours été vieux.

Aujourd'hui les parents rêvent d'avoir des enfants bien élevés mais ce n'est plus eux qui les élèvent : nourrices, crèches, maternelles, écoles, collèges, colonies de vacances ne leur épargnent pas la fréquentation de gosses de rue, fils de chômeurs, voire gosses de cités, les rendent plus durs, repoussent les limites.

Alors les parents espèrent désormais des grands parents que ceux-ci donneront ces limites, canaliseront ce trop-plein de rebellions, mais surtout leur assureront un espace insonore et hors du temps.

Je sais, le problème est là, entre des grands parents qui ont du mal à devenir vieux, des parents qui voudraient qu'ils le fussent, et des enfants trop vite autonomes, actifs, éveillés et donc chiants, et je ne sais pas le résoudre.

Les éoliennes

Le train module son ronronnement lancinant le long de la Crau.
Je somnole mais sursaute à chaque train croisé à vive allure, qui secoue mon wagon sans s'excuser. Le bruit est monotone et inégal, discontinu, un train-train. Machinalement je jette un coup d'œil à la fenêtre. Vieux réflexe de marin qui aime savoir où il est !

Dans ma semi somnolence apparaissent soudain d'étranges visions. Ce jour-là le ciel matinal est strié de lambeaux de feu, résidus arrachés au soleil levant par le mistral. Ce vent est repris au vol par de grands escogriffes aux yeux rouges clignotants, alignés en rang d'oignons sur les terres arides de la Crau.
Ils agitent leurs membres graciles et symétriques comme pour me dire : « viens, on a à te parler »

Je me surprends à dire à mi-voix : « de quoi ? » un voyageur assis en face me regarde et attend la suite. Je regarde à nouveau les éoliennes qui maintenant se sont rapprochées et jouent à cache-cache derrière les haies de cyprès.
Elles brassent de l'air certes mais elles sont aussi aux premières loges pour apprécier les saisons, les senteurs, les pollens. J'imagine que de temps à autres, un passereau ou une libellule est broyé par le mouvement perpétuel de ce pantin qui mouline inlassablement son ennui.

125

Condensé de technologie, aboutissement de la recherche scientifique, jetée là sans ménagement par l'homme dans cet endroit à l'écart de la vie, elle se venge en transformant le vent en énergie.

Ne dit-on pas de propos insignifiants : « c'est du vent ! » oui l'éolienne transforme rien en quelque chose. C'est la forme la plus aboutie de tous les rêves, de tous les fantasmes : être rien ou un moins que rien et devenir quelqu'un ! Mes rêves d'enfant me submergent comme de la poussière brassée par les ailes du moulin métallique que je contemple. C'était la guerre. Je voulais juste ne pas mourir. Je ne savais pas que la lumière pouvait venir de rien.

Déjà le train file et coupe le vent dans le pays de Daudet. Les éoliennes s'estompent à l'horizon. De loin il me semble qu'elles me font un signe de leurs longs doigts.

Les insectes

Comme la bête à bon dieu

Je m'accroche, je m'accroche

Comme la bête à bon dieu

Je m'accroche par la queue

Mais comme la coccinelle

Je m'envole, je m'envole

Oui comme la coccinelle

Je m'envole à tir d'ailes

Ou comme le papillon

Je parade, je parade

Mais moi le beau papillon

On me prend pour un couillon

Et comme la sauterelle

Oui je saute, oui je saute

Et comme la sauterelle

Je chante ma ritournelle

Les vagues

Les vagues qui déferlent éclaboussent ma vie
Et mon cœur d'artichaut exhale ses envies

Pour une belle histoire qui durera toujours
Une histoire tactile, chaque nuit, chaque jour

Je veux gouter demain aux flammes de l'enfer
Je n'ai aucune envie de vivre sans péché

De devenir un ange sans doute asexué
Voleter bêtement dans l'éternel éther

J'ai trop de sang bouillant qui parcourt mes veines
Alors les beaux diseurs ne prenez pas la peine

Mon destin est tracé, je veux aimer encore
Ce n'est pas à la science que je donne mon corps

Gourmand ? Oui ça aussi j'y ai quelqu'intérêt
Menteur ? Si vraiment je l'étais c'est sûr ça se verrait !

Les giboulées glaciales fouettent mon visage
Je me réveille heureux et je tourne la page

L'esprit des autres

Citations de Pierre Dac :

Au royaume des aveugles les borgnes sont mal vus !

Citations d'Alphonse Allais

On étouffe ici ! Permettez que j'ouvre une parenthèse.

Dans les milieux littéraires, quand on parle des poètes morts jeunes, ce sont les poètes morts vieux qui se mouchent.

Il vaut mieux être cocu que veuf, il y moins de formalités.

Il venait de toucher l'héritage d'un oncle :

«Mon oncle et moi sommes entrés dans une vie meilleure.»

Impossible de vous dire mon âge: il change tout le temps.

L'argent aide à supporter la pauvreté.

A 976 ans, Mathusalem était si bien conservé qu'il en paraissait à peine 375.

Citations d'Oscar Wilde

Les folies sont les seules choses qu'on ne regrette jamais

Les enfants commencent par aimer leurs parents ; devenus grands, ils les jugent ; quelquefois, ils leur pardonnent.

Celui qui cherche une femme belle, bonne et intelligente, n'en cherche pas une mais trois.

Citations de Paul, dit Tristan Bernard

Ah! que ne suis-je riche, pour venir en aide au pauvre que je suis!

J'ai déjà assez d'embêtements sans y ajouter les privations.

Je l'ai revu l'autre jour. Il avait tellement changé qu'il ne m'a pas reconnu.

Citation de Salvador Dali

Lorsque les trains déraillent, ce qui me fait de la peine, ce sont les morts de première classe.

Citation de Michel TERRISSE, historien

Il n'y a que lorsque j'éternue que je ne pense à rien.

Citation de Charles-Maurice de Talleyrand

« Café : Noir comme le diable Chaud comme l'enfer Pur comme un ange Doux comme l'amour »

Citation de Sacha Guitry

Etre riche ce n'est pas avoir de l'argent, c'est en dépenser

Citations d'Oscar WILDE

Améliorer, embourgeoiser la condition sociale des ouvriers c'est créer une race d'esclaves contents de leur sort, une caste de parias confortables.

Une carte du monde qui ne comprend pas l'utopie n'est pas digne d'un regard, car il laisse de côté le seul pays où l'humanité est toujours d'atterrissage.

Peuchère…

Lancinerais-je ainsi de vertes dédicaces Au
trublion hagard penché sur la terrasse ?
Peuchère

De mon Vallon des Auffes et tes marins peureux
Réparant des filets en forme de guenilles
Sous le regard narquois des veuves et des pupilles
Peuchère

L'école communale en haut des escaliers
Chemin de croix aride de quelques écoliers
Où j'appris en mangeant de fades vitamines
Peuchère

Oui du vallon magique des reflets violacés
Que fréquentent encore des âmes délaissées
Vagabondant la nuit, telles des feux follets
Peuchère

Saint-sornette

Un beau village en vérité à quelques dizaines de kilomètres de la grande ville ! Dans le calme apparent de la verdure environnante, doublement polluée par les nitrates et autres pesticides généreusement épandus par les agriculteurs locaux d'une part, et par les fumeroles et nuages acides de la ville proche d'autre part, la survie de la race s'organise.
Bien sûr on retrouve les valeurs traditionnelles : curé, instituteur et garde champêtre. Mais aujourd'hui un voile noir s'est abattu sur la ville : le naturopathe est mort brusquement et sans crier gare, à 46 ans, et chacun s'interroge.

Que penser de l'éveillé qui remonte dans nos vies antérieures et entre sans frapper dans le monde des morts ?
Que penser de madame Cassandra que l'on va consulter en catimini à la sortie de la messe pour savoir si nos mauvaises pensées ont des chances d'aboutir ?
Que penser enfin de Joseph, rentré récemment d'une réunion avec les extra-terrestres ?
Et si tout cela n'était que de la foutaise ??
Le naturopathe nous l'avait expliqué : tout part de l'alimentation. Pour en arriver à cette conclusion étonnante, notre érudit n'avait pas lésiné sur les moyens : doté d'un solide CAP de comptabilité, il avait acheté des

cours para médicaux, écouté moult conférences de gourous végétariens mais rémunérés et, il est vrai, dépensé autant qu'un étudiant en médecine.

Il était dès lors grand temps de faire bénéficier la population du village de ses conseils pour lui assurer une vie triste mais saine.
Terminé le demi-pression au bistrot du coin ! avantageusement remplacé par un jus de végétaux non identifiés ayant des vertus reconnues.
Plus de viande : quelle horreur ! plus de sauces, plus de beurre. Bienvenu dans un monde sans saveur, sans colle, sans cristaux.

Mangez cinq fruits et légumes par jour ! conseille le ministère de la santé : oui mais quels végétaux ??? cultivés dans un arpent de terre vierge, sans engrais ni pesticide, ramassés à la pleine lune, ce produit est introuvable.
Le naturopathe est mort : peut-être sournoisement assassiné par le lobby des chevillards, sans doute miné par des carences irréversibles.
Lui qui nous promettait une longévité exceptionnelle, une santé de fer à la seule condition d'appliquer ses préceptes, n'a pas eu le bon goût de poursuivre le traitement.

Les régimes sont discutables surtout lorsqu'ils sont fascistes, dictatoriaux ou corrompus. Mais que dire d'un régime qui prolongerait une vie fade et sans épices, sans gras ni féculents, sans chocolat ?

Est-ce que ça vaudrait la peine de prolonger notre agonie gustative, de pratiquer un acharnement diététique, de consacrer sa vigilance à traquer le surplus ?

Voilà l'explication de la mort naturelle du naturopathe : il en avait marre de ne pas avoir envie de manger, de partager, d'avoir des désirs, de rêver chaque nuit à un rôti de veau avec des girolles...

Et, s'il croit au ciel, nul doute que Saint Pierre saura lui concocter un filet de lui-même au naturel.

Manger gras

Une des dernières façons de combattre les règles liberticides de la diététique. A mon âge je ne vais pas commencer à ingurgiter des barres protéinées, pas plus que de la soupe aux choux diurétique sans la généreuse barde de lard, de celle qui me fait les yeux doux dans le bouillon.
Comme dit Tristan Bernard : « j'ai assez d'emmerdements dans la vie, sans y ajouter les privations ! »
D'autant que ces régimes d'une infinie tristesse s'appliquent sans distinction aux jeunes, pour rester jeunes, et aux vieux pour continuer indéfiniment à rester vieux. Quid de ces ermites ascètes et de surcroit philosophes, qui du fond de leurs cavernes, se nourrissant de racines, nous expliquent un monde qui n'existe pas ? Quid de ces prédicateurs maigrichons qui nous demandent la charité ?
Dans un grand moment de solitude j'ai moi-même entrepris une croisade contre ma surcharge pondérale. Sans résultat probant. Je mangeais du faux filet à la place de l'entrecôte (trop gras !!!!), du merlan a la place de l'espadon (poisson gras !), des poireaux bouillis et des carottes râpées.
Ces privations ont duré quelques semaines. Jusqu'à ce que ma petite fille avant de venir en vacances, ait déclaré à ses parents qui lui proposaient un yaourt à zéro pour cent : « Chez Papy on mange gras ! » Je suis donc revenu à un comportement alimentaire normal, basé sur des

137

produits du terroir, accompagnés de vins de qualité, complété par la cueillette, la pêche et la chasse.

Mes petits enfants ont mangé gras, j'ai repris mon poids de forme(s), mon métabolisme repu m'a exprimé sa satisfaction.

Il parait que je raccourci ma vie en ne me privant pas ! Mais à quoi bon vivre en se privant ?

Par bonheur je fréquente majoritairement des personnes joyeuses et de bonnes compagnies. Elles ont le bon goût de ne pas me mettre au régime, j'ai la courtoisie de me resservir.

En mangeant des produits de régime, vous ne luttez pas contre la faim dans le monde, la faim des autres.

Quant à moi j'ai choisi : « je préfère mourir d'apoplexie que d'anorexie ! »

Mince alors !!!

Si à chaque fois que je vois, j'entends, je lis un sujet qui m'interpelle, ou, plus simplement, m'intéresse, j'en prenais bonne note, je réagissais par écrit, j'aurais depuis longtemps réalisé un œuvre, sinon intéressante, voire passionnante, mais en tout cas copieuse et volumineuse.

A titre d'exemple je viens de voir deux belles bourgeoises, très BCBG, parler doctement à la télévision des méfaits de l'entrecôte et du foie gras sur la santé, sur la cruauté infinie de l'homme vis à vis de ces pauvres bêtes sacrifiées sur l'hôtel de la gastronomie, des lobbies sournois et puissants qui protègent les maîtres-queues, les péquenots éleveurs de bestiaux et autres gaveurs d'oies.

Pas un mot sur ceux, majoritaires, qui en France ne mangent ni entrecôte, ni foie gras mais fréquentent les restos du cœur. A voir l'aspect de ces dames on sent bien qu'elles ne savent même pas que ça existe. Une d'elle a écrit un livre dont la télévision assure la promotion : « mince alors ! » nul doute que cela intéressera tous ceux qui ne font qu'un repas par jour.

Tonton Pierre

Mon oncle Pierre semble tout juste sorti d'un livre de Pagnol : Corse de Marseille il était douanier, bien sûr. Mais je ne l'ai jamais vu exercer. Il avait épousé une pharmacienne monégasque qui était une beauté à 19 ans et une grosse matrone, comme je l'ai toujours connue, plus tard.
Ce récit n'est pas une critique de cette famille, les seuls adultes actifs que je côtoyais lorsque j'étais « petit » ! Ils n'avaient pas encore d'enfants et me donnaient beaucoup d'affection. Ma tante trouvait que j'étais toujours dans ses pattes et me criait « zou, zou !! » mon surnom de « zouzou » vient de là !
Mon oncle Pierre vivait au crochet de sa femme, ou plutôt de la pharmacie. Comme elle était peu intéressée par le commerce, il prit rapidement possession des lieux, se vêtit d'une blouse blanche et commença une carrière de pharmacien.
La pharmacie, située dans le quartier populaire de la Joliette connut un développement extraordinaire, dont certains confrères ne manquèrent pas de prendre ombrage !
Pierre était pharmacien à ses moments perdus mais surtout confident, psychothérapeute, guérisseur, assistante sociale et homme d'affaires.
Lorsqu'il m'emmenait je passais mon temps à l'admirer et à l'écouter.

Il respirait la joie de vivre et sa clientèle souffreteuse, repartait avec le sourire, un traitement sur mesure et l'écho de son rire communicatif :

« Monsieur Dominici, le docteur Zelami m'a donné des suppositoires pour la toux
Pas possible Madame Portal ? il vous a dit comment les prendre ?
Il a marqué sur la feuille : pensez à les sortir de la boite !»

Et tout ça dans une rigolade permanente. La pharmacie était « le dernier salon où l'on cause ».
Des marins syphilitiques fraîchement débarqués de leur cargo sur le quai proche, lui amenaient quelques paquets de cigarettes, vieux réflexe de l'époque où ils l'avaient connu douanier, signe d'allégeance et de respect.
Devant la cour des miracles des vieux catarrheux, des gamins, venus glaner quelques gommes, des vieilles déformées par de basses besognes, dans un nuage d'emphysèmes, de borborygmes et de quintes, les conteurs prenaient la parole, le marin décrivait le cheminement de son navire sous une voûte d'arbres, remontant le Congo, dans un décor peuplé de singes et de perroquets.
Ignace ressassait ses exploits à la pétanque. Marceline décrivait ce rituel des pieds et paquets, qui lui prenaient deux jours pleins, Dédé revivait la bataille des Dardanelles.
La pharmacie bruissait de ces récits qui étaient de la poussière de mémoire, celle du petit peuple de la Joliette. Le mal qui les tenait n'était pas à l'aise, devant tant de rires contenus, de ce constat qu'il y a bien une vie

avant la mort. Le remède ne sera que la cerise sur le gâteau.
Un moment de calme. Le silence se fait et mon oncle prend la parole. C'est le prince des conteurs car lui n'a pas de souvenirs, il n'a que des histoires issues de son imagination et c'est beaucoup plus intéressant. Entre le récit vécu et détaillé d'un souvenir et l'histoire imaginaire dont le conteur crée le décor, le lieu, les personnages et dont il ne connaît pas encore la fin, il n'y a pas photo ! Il y a la même distance qu'entre un documentaire sur la copulation des grands fauves et un film d'amour.

Mon oncle raconte « sa guerre » dans les chasseurs alpins. Il en rit encore ! se battre contre les Italiens c'était la fête ! L'assaut n'avait pas de sens : on ne va pas s'entretuer entre amis ? On se parle et on termine autour de la table d'une ferme frontalière, réquisitionnée à cet effet. Puis on se quitte à regret, les Italiens devant se replier devant la férocité des Français !
L'autre fait de guerre est le résultat d'une sieste faite bien à propos, sous un amandier d'Allauch. Une vibration dans le sol le réveille ! ce sont les forteresses volantes qui vont arroser le port de Marseille. Pierre téléphone, l'alerte est donnée, selon lui un bain de sang est évité ! Hélas le quartier de la Joliette est rasé, la pharmacie réduite en un tas de gravats !
Mais elle renaîtra de ses cendres, Pierre ayant survécu à ses campagnes, retrouvera sa blouse et ses adeptes.
Le traitement ne sera pas interrompu.

Mon pain au chocolat

Sur la vague glauque et molle de mes pensées incontrôlées, s'écrête le souvenir de nos étreintes. Elles n'étaient point faites de sexe conventionnel mais de plein de gestes improbables, spontanés, inédits et inattendus.
Cette science, ou plutôt cette subconscience, du câlin chaud porté à son paroxysme, me lancine encore de frissons résonnants.
C'est pourquoi bonbon du soir, tu es, à l'aube, mon pain au chocolat, doré à point, effeuillable, resplendissant et ouvert. Tu as le goût du bonheur frémissant, tu es un appel aux papilles et aux yeux. Oui, aux yeux, car pour un pain au chocolat, je dois dire que tu es belle comme un perce-neige. Des nimbes de la nuit tu émerges en restituant ta beauté, que tu avais mise en sommeil.
Tu sais que je vais te croquer, te manger, te déguster car tu es mon pain au chocolat.
Je n'attendrai pas un jour de plus que tu sois rassise ! Au bout de la nuit, au bout de mes lèvres, entre mes dents, je te dirai...je te dirai quoi ? puisque tu ne veux pas que je parle ? rien et alors les vagues molles de mes pensées futiles, ne seront plus que bercées par un ressac sans fin, j'irai marcher dans les bois humides, tendre la main pour saisir l'espoir et mêler mes larmes à la rosée.

Lettre à Cassandre, ma petite fille, qui a attrapé des mouches en Corse et les a exilées à Vouvray

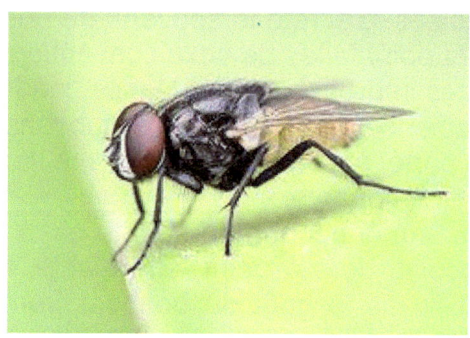

Ma chère Cassandre

Je me présente : Je m'appelle Mouchamiel et je suis née dans la poubelle rose de ton papy en Corse.
Le fait que je sois née dans une poubelle rose fait que je suis une fille mouche, mais pas moche : voir photo.
Ma vie est assez plaisante ici où le climat permet l'éclosion de mes œufs dans des conditions idéales.
J'ai du reste déjà des enfants et des petits enfants.
Je me nourris essentiellement de minuscules particules qui, comme pour un bon fromage, nécessitent d'exhaler une bonne odeur ? A ce sujet ton papy et sa chienne méritent le détour.

144

Toutefois j'ai un souci : La vieille MOUCHAKA qui est la doyenne des mouches de LECCI et la mémoire vivante des odeurs locales, m'a indiqué que plusieurs de mes frères et sœurs avaient été déportées dans le Nord vers VOUVRAY dans une boite transparente par une certaine Cassandre.

J'ai appris depuis qu'une d'entre elle, qui avait pu s'échapper, avait été tuée par la queue d'un cheval.

J'aurais aimé que tu me donnes des nouvelles de mes frères et sœurs, neveux, nièces et descendants directs et indirects.

Le monde des mouches n'est pas rose comme la poubelle de ton papy : Nous slalomons entre des papiers collants sur lesquels beaucoup d'entre nous finissent engluées. Ton papy nous balance des jets d'un produit euphorisant, qui, à grandes doses peut être mortel. Ripaille essaye de nous happer, papy nous file des claques, et des fois on finit noyées dans la sauce.

Et pourtant on pourrait vivre en bonne intelligence !

De ce point de vue nous avons avec ton papy beaucoup de points communs : il n'aime pas faire le ménage et nous préférons une maison sale qu'un locataire propre, il ne vide pas la poubelle tous les jours et nous l'appelons « la maternité », sa salle de bain nous permet de pratiquer un thermalisme adapté aux mouches, et Ripaille nous offre la possibilité d'aller piqueniquer dans le jardin.

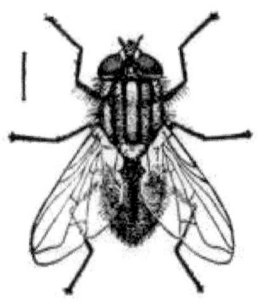

Je m'appelle Mouchamiel
Je suis née dans la poubelle
Les lézards et les crapauds
Les mésanges veulent ma peau
J'ai des cousins dans le monde
Dans tous les endroits immondes
Je meurs et nait de mes cendres
Sauf quand passe Cassandre
Mes cousines de Vouvray
Seraient donc bien inspirées
De m'envoyer une carte
Avant qu'elles ne repartent
Pendant l'hiver je reste au chaud
Sur la croupe des chevaux.

Je te joins la radiographie que j'ai passée (sans le faire exprès) à la clinique de l'Ospèdale, à Porto Vecchio, qui est très fréquentée par les mouches.

L'hiver arrive

Tu viens, je viens, on se parle, on se regarde
L'horizon s'éclaircit sur nos rêves

Les feuilles mortes de l'automne ne veulent pas tomber
L'hiver n'aura pas notre peau au goût sucré
Je glisse sans vie dans l'eau tourbeuse du torrent
Les roches sont trop lisses pour ces mains

Pour toi j'avancerai tranquillement vers l'aube
Quelques oiseaux migrateurs qui ont raté le dernier vol
S'énervent inutilement sur une souche pourrie

Nous sommes dans le nid douillet
Tissé des fils ténus de notre amour

Le froid passe au loin dans un sifflement de bises déçues
Rien n'y fait

Je vais te séduire encore,
Le « vrai » prendra le pas sur le « il parait »
La nuit s'éclairera du soleil de ton rire
L'hiver est fini, le grain va lever.

Mylène

Mylène est bonne comme une sainte en goguette. Ce doit être l'épouse idéale. Elle est née pour ça, élevée pour ça comme ces poulets de grains nourris au maïs dans la cour de la ferme.
Héritière de deux mille ans d'éducation judéo-chrétienne, ne lui demandez pas de vivre dans le péché. Elle éteint la lumière même pour s'infliger des plaisirs solitaires, de peur que sa conscience ne la voit. Mylène aura des enfants, si possible un mari, une maison avec un jardinet, une télévision pour devenir « la ménagère de 50 ans » et elle sera fidèle à son éventuel mari mais surtout à ses principes.

Elle a respecté ses maîtres d'école et obéi à ses parents. Elle a donc eu une scolarité sans accrocs.
Elle a donc un métier.

Mylène est la femme idéale et a cru trouver son clone. Un mec triste comme un jour sans pain mais sérieux comme un pape. Il a été élevé selon les mêmes critères. Il veut des enfants pour leur pourrir la vie comme ses parents à lui ont pourri la sienne.
« La télé c'est très mauvais à ton âge » vas lire la comtesse de Ségur ! Ils auront des enfants !!! on va en parler...

Lui et elle, sont parfaits, au sens cathare du terme. Tout est prévu : le loyer ? une enveloppe, le téléphone ? une enveloppe, les impôts ? une enveloppe. Aller au resto ce soir en amoureux ? ah non...ça ce n'est pas prévu !

Parce qu'ils sont vertueux ils s'ennuient en proportion, ils baisent en chemise !
Ils vivent comme des termites, chacun de leurs gestes quotidiens est programmé.
Même le câlin du Samedi soir, qui n'est pas fébrile.

Les vacances, programmées un an à l'avance, sont tellement organisées que lorsqu'ils arrivent sur les lieux ils ont l'impression de les avoir déjà vécues.

Le temps a passé Mylène est toujours admirable mais elle est seule. Son fils ainé après des études chaotiques mais coûteuses à l'école Saint Bernard de Passy a enfin trouvé un emploi comme preneur de son à la maison de la culture de Thoiry. Depuis qu'il a quitté la comtesse de Ségur pour les Manga il se sent mieux. Depuis qu'il a compris que l'herbe c'était meilleur à fumer qu'en infusion il voit la vie sous un autre jour. Il adore sa mère comme on adore la visite des musées ou son animal de compagnie.

Sa fille ne veut plus la voir : elle a même changé son prénom, de Marie Ange elle est devenue Dorothée. Sans transition elle est passée du chant liturgique au hard-rock métallique mais sans la défonce.

149

Anachronique elle est « peace and love », new âge, macrobio et sado maso.

Le mari non plus n'a pas résisté à tant de bonheur : parti un jour chercher le pain il a pris un billet pour l'Afrique et n'a plus jamais donné signe de vie. Il parait qu'il est responsable d'une ONG en Abyssinie Orientale. Lui qui ne connaissait que la position du missionnaire, l'est devenu.

Mylène a ouvert la télé. Elle qui n'en a jamais eu, et surtout pas de petits, regarde 50 millions d'amis. Tiens ce serait une bonne idée de prendre un animal de compagnie ? Mais sera-t-il « bien élevé » ?

Que des qualités, le Paradis, ses petits anges asexués virevoltants, voilà ce qui m'attend…. Je n'ai pas fini de m'emmerder !!!!

NOIR OBSCUR (En hommage à Edouard GLISSANT)

Le noir obscur de ces coques ventrues
Des galions négriers secouant leurs carcasses
Terrifiante agonie dans la mer des sargasses
De tous ces corps visqueux aux chevelures drues

De tous mes souvenirs la nuit n'est que souffrance
Les bruits incontrôlés de bâtisses éreintées
Meublant de diablotins mon monde de silence
Craignant à chaque éclair quelque monstre édenté

Puis vint la nuit épaisse des bois de mon enfance
Où quelques farfadets aidaient la résistance
Là, je me ressourçais en parlant aux lutins
Et des fées m'éveillèrent aux douceurs des matins

Dans la nuit de la brousse, hululements sans trêve
Sous des arbres grouillant de singes insomniaques
Frôlé par les iguanes visiteurs du bivouac
J'ai appris que la nuit est le monde du rêve

Depuis je n'ai plus peur du noir et de l'obscur
De vastes territoires bien au-delà des dunes
M'invitent à voyager au gré des nuits sans lune
Et de ne voir plus clair, me fait saisir le pur

RITON

Je viens de manger un œuf mayo...comme ça, sur le pouce ! Et affluent en moi d'un seul coup les souvenirs d'une amitié physiquement irremplaçable RITON, mon ami de miel, superficiel comme une libellule, reposant tant ses conversations ne mettaient pas en péril l'équilibre du monde ou n'initialisaient aucun débat.
Je ne crois hélas ni au ciel ni à l'au-delà. Mais j'aimerais pourtant reprendre avec Riton notre conversation là où on l'avait laissée Je ne m'en souviens plus ?
Qu'importe, puisque nos conversations étaient sans importance.
Je me rappelle que nous avions traversé un jour tout Paris, en métro, pour aller dans une petite brasserie où, selon des sources sûres, ils servaient les meilleurs « œuf-mayo » de la capitale, donc du monde.
L'œuf-mayo élevé au rang de chef d'œuvre gastronomique ! seule notre amitié fusionnelle pouvait transformer de l'œuf de poule en œuf d'esturgeon, anoblir ce met de cantine à son juste rang. Nous avions aussi d'autres signes distinctifs des brasseries ou autres bougnats parisien, la patate sautée a cru, le hareng pomme à l'huile, le haricot de mouton de la « grille Montorgueuil », (seulement le Lundi), la mousse au chocolat à volonté (et nous n'en manquions pas !) du
« Petit Marguery », nous nous mettions à table vers 13H30 et en sortions le plus souvent vers 16H30.

Nous parlions beaucoup pour ne rien dire et cela demande beaucoup de temps.
RITON était un visionnaire de l'inutile. Tout ce qui était sans intérêt l'intéressait. Ainsi disait-il d'un ton définitif : « Eddy Merxx est le coureur qui a le meilleur chimiste » L'avenir lui donnera raison.
RITON était un mythomane doux, ses histoires imaginaires, nous, ses amis, n'avons jamais cherché à les vérifier. Ne jamais réveiller un somnambule, parait-il !
La plus répétitive était sa participation aux « boucles de la Seine » dont nous écoutions religieusement le récit environ une fois par mois, c'est-à-dire lorsqu'un nouvel arrivant dans la bande devait être adoubé. Le rituel lui imposait ce récit.
Au fil des ans RITON reculait au classement final, mais le récit était le même. La réception dans la « bande » comportait d'autres épreuves :
Rester à table quatre heures, sans manger beaucoup, parler de choses futiles très sérieusement, ne pas refaire le monde et se contenter de ce qu'il nous proposait et bien sûr, savoir faire la différence entre « œuf-mayo » et « œuf-mayo » !
Avec RITON nous étions de vrais sportifs, nous pratiquions le poker et la boxe.
Celle-ci uniquement à la salle Wagram, pour le tournoi de Paris organisé par Jean BRETONNEL, là nous avons côtoyé Belmondo, Brasseur et Enrico, ce n'était pas des peoples, seulement des potes avec lesquels nous buvions un « poussiéreux » à l'entracte.

Son langage était un mélange Ménilmuche et Sorbonne », RITON avait créé son propre langage, et nous faisions de

153

notre mieux pour le reproduire. Sa mort, le jour de l'ouverture de la chasse, n'a pas bouleversé le cours de l'histoire. Mais elle a changé ma vie. Bien sur le « Paris » de notre deuxième adolescence a changé. Les bobos sont arrivés, les prix ont quadruplé. Les patates sautées sont blanchies la veille, l'œuf-mayo est reparti dans les cantines. L'amitié superficielle, égalitaire, désintéressée, peu exigeante est douce et apaisante comme une huile essentielle.
Un monde s'est écroulé, on est devenu sérieux, on rigole moins, les temps sont durs…faut que j'y aille, ciao RITON

Rupture

Le ciel bleu de mes souvenirs récents se lacère des nuages de l'automne.

Lentement le suc de l'amour qui emplit mes veines, régénéré par un passage de bonheur intense fait de petits riens, s'écoule dans le ruisseau de ma naïveté.

Il peut pleuvoir, il peut venter, je ne sens que le froid mortel de mon inutilité, celle qui consiste à ne pouvoir te rendre heureuse.

Mes larmes ne sont pas l'exutoire de mon chagrin, l'expression de la pitié de moi-même. Elles irriguent le champ infini de mes espoirs et de mes envies. Rien ne s'est passé, le songe d'une nuit d'été, les réveils joyeux, la joie païenne des retrouvailles, toutes ces petites morts spasmodiques du plaisir partagé, tous ces dons et ces reçus, ce n'était qu'illusions.

Mon bel amour, je n'implorerai pas ton amour, celui que nous avons commencé à construire, comme le lieu clos de notre bonheur, jette le dans la poubelle de tes souvenirs.

Et trace ta route

Pensées vagabondes

Mon ami Paul ne sait dire en Français que « mon ami » : ça me suffit.

La ménagère de 50 ans ne veut plus faire le ménage : Elle rêve de revivre une histoire d'amour, de sexe torride, de sable blanc puis Gérard rentre du bureau et il allume TF1.

Le renard aime les poules mais il pue.

Confiance en soi : Si tu crois en Dieu pourquoi les hommes ne croiraient ils pas en toi ?

Augustin
C'est certain
Ne fait pas tintin
Fréquentant le gratin
Et aimant les putains
Son réveil du matin
Au bras de la catin
Y perdit son latin
Et devint Saint
Augustin

Croa, croa, croa dis le Corbeau mais le Renard ne le croit pas : Ainsi naquit le camembert.

Mon père était un aventurier nomade. Il s'intéressait à tout. Sauf à moi. Et tant mieux.

La politique en Corse c'est l'art de dire oui à des gens qui n'en croient pas un mot.

Un bateau ivre d'avoir trop bu la brise salée, louvoyant dans un chenal parsemé de récifs, des déferlantes courtes et froides comme des lames, mon rêve de somnolence ne me dit rien qui vaille.

Dans 50 ans il n'y aura plus d'eau potable : un bel avenir pour le pastis désinfectant

Je voudrais être généreux mais j'ai du mal à identifier les pauvres, certain vivant mieux que moi.

Heureux les pauvres ! L'épicerie sociale leur est ouverte…

Un nègre pauvre en Afrique est plus riche qu'un nègre immigré en Seine Saint Denis.

De même que le poisson le plus gras est plus maigre que la viande la plus maigre de même un gaulliste de gauche est plus à gauche qu'un social-démocrate de droite.

Le surréalisme est le seul univers où il fait bon vivre.

Paroles (hommage à Prévert)

Paroles frêles d'une nuit virile
Sables mouvants
Eveils turbulents
Et le ronron de la ville

Paroles dites et reprises
Sentiments diffus
Langage de rue
Et une peau de cerise

Paroles qui ne viennent pas
Autisme du cœur fêlé
Brume d'amour étalé
Irrésistible et tenace appât

Paroles comme fleurs souillées
Libellule en pose vibrante
Scarabée d'or en marche lente
Sur une herbe à peine mouillée

Paroles gardées pour nos secrets
Virevolte dans l'insouciance
Rêves perdus, vaine souffrance
Le bonheur est là qui se crée

Petite Fleur du Printemps

Délia, petite fleur du printemps
Dans le jardin calme et tranquille
Ces quelques jours où je t'attends
Me viennent des pensées futiles

Cette mésange charbonnière
Qui s'invite dans ma maison
Est, j'en suis sûr, et je l'espère
Par toi envoyée en mission

Délia, payse d'Héraclite
Bercée par la mythologie
Tu n'es j'espère pas un mythe
Mais le sens vrai de ma vie

Viens avec ta douce beauté
Ajouter ton charme à cette isle
Dont le doux nom est Kallisté
Et à mon attente fébrile

Pianissima

Touche, touche sans t'arrêter
Mon pauvre cœur effarouché
Laisse tomber ta longue robe
Si tes sentiments se dérobent

Ainsi l'effluve des tropiques
Vive comme un dard de moustique
Pénétrera l'âme fragile
Dissipant les pensées futiles

Enlève tes dernières peaux
Jette aux orties tes oripeaux
Plonge tes fins doigts de pianiste
Dans mes plaisirs hédonistes

Laisse-toi aller doucement
Dans Capoue et tous ses tourments
Ferme les yeux, l'aurore est belle
Tu es ma douce farfadelle

Ragougnasse, plats canailles et pâtés frécoces :

De la malbouffe érigée en gastronomie résiduelle

Vous prenez ce qui reste, vous y ajoutez ce qui est inutile, vous épicez de vos désirs et vous touiez … Le concept de la ragougnasse, mixture que l'on ne trouve dans aucun livre de cuisine, est jeté...non on ne jette rien puisque ce qui doit être jeté va devenir la base d'un plat cuisiné.

Oui, je sais, vous allez me dire que je n'ai rien inventé : le mironton, le pain perdu ou les vols-aux-vents, sont autant de plats de récupération qui ont droit de citer.

Mais avec la ragougnasse, ou ses variantes que sont les plats canailles ou le pâté frécoce, nous sommes dans l'imprévisible, dans le non codifié, dans le mystère des harmonies.

Le plat canaille a un résultat surprenant : il ne laisse pas indifférent, tantôt il est apprécié, tantôt il est rejeté.

Dans le premier cas il doit être dégusté avec lenteur, l'esprit doit s'en imprégner, on se doit de le humer car ce plat est unique et non reproductible. C'est un privilège hors de prix que de manger ces restes sans valeur.

Dans le second cas on atteint l'irréversible : un reste de reste n'est pas une notion scientifiquement exploitable.

Ainsi une de mes amies, hollandaise, avait un chien squelettique : m'étant enquis du régime de cette pauvre bête elle me répondit qu'on lui donnait les « restes ». Je constatais par la suite que mon amie se nourrissait de tartines de Nutella.

Car qui dit ragougnasse présuppose qu'il y ait des restes. Ne dit-on pas de la Vero : « elle a de beaux restes ? » alors pourquoi s'en priver ?

Le plat canaille est la version marine de la ragougnasse C'est le lien social de la hiérarchie. Le matelot du quart de nuit descend à 2 H du matin dans la cambuse, ouvre le frigo, récupère les restes, mixe, mitonne, assaisonne et remonte la pitance fumante sur la passerelle.

A cet instant précis le mystère de la malbouffe est à son summum : le marin a oublié ce qu'il a mis dans la gamatte et l'officier de quart ignore ce qu'il va ingurgiter. Tout est basé sur la confiance.

Le pâté frécoce reste pour moi une énigme : Ma grand-mère ne jetait rien mais quand venait le stade ultime où, de pain perdu en mironton, de vol au vent en ragougnasse, il ne restait plus rien, alors c'était le temps du pâté frécoce : De nulle part, sortait une terrine odoriférante, aux subtils fumets, dorée à point, très « goûteuse » !

Inutile d'en demander la recette ! car je pense que ma grand-mère elle-même ne la connaissait pas ! Sa cuisine était à la gastronomie ce que le jazz est à la musique : improviser sur un thème connu !
Philosophiquement, l'accommodation des restes est la base de la lutte contre la mondialisation : chaque fois que vous mangez une ragougnasse vous diminuez le chiffre d'affaire des fast-foods, vous évitez le tri sélectif, vous financez vos vacances.

Alors, lancez-vous dès ce soir, ouvrez votre frigo, il est le reflet de votre esprit militant.

Recette d'été

Dans une gamatte
Mettons nos désirs
Qu'une faible flamme
Va faire frémir

Pour cette bluette
Une mesurette
D'épices et de thym
Rehausse nos faims

Pour la garniture
De baisers bien murs
Napper le dessert
Sans en avoir l'air

D'un coulis très doux
Qui passe partout
La nappe fleurie
Est un couvre lit

Quoi ? Moi rassasié ?

Non : rien qu'à moitié !

Romeo et Juliette

Stupide jeunesse qui voit de l'amour partout ! là où il n'y a que pulsion, instinctive préservation de l'espèce, besoin animal de se reproduire.

Des Juliette j'en ai connu des dizaines, moi, le Romeo chien jaune, au détour d'une jeunesse boutonneuse et d'une adolescence remuante, partageant mon temps à penser à une réussite sociale éventuelle, et à chercher une femme pour la nuit, en lui disant que c'était pour la vie.

Alors on parle d'amour, on souffre des séparations comme si on s'était aimé ! pfff c'est juste une rupture d'habitudes, de confort, d'organisation qui fait souffrir.

Romeo et Juliette n'ont pas d'enfants, pas plus que Tristan et Yseult, Pelleas et Mélisande.

On s'émeut devant leurs jérémiades pathétiques alors qu'ils ne pensent qu'à baiser.

Dès qu'ils constatent qu'ils n'y arriveront pas ils se cassent, ou ils meurent. Si c'est ça l'amour c'est vraiment stupide.

Je ne regrette pas ma jeunesse, j'étais vraiment trop con. Comme Romeo j'étais obsédé par le sexe mais je ne savais pas pourquoi. Quand j'ai compris c'était trop tard : j'avais épuisé deux femmes et j'avais quatre gosses.

Peut-on rêver d'avoir un foyer ? Un appart minuscule, une voiture ridicule, des braillards, une organisation sociale est-ce un rêve ?
Romeo et Juliette ont préféré mourir avant et je les comprends.

Alors l'Amour dans tout ça ?
Il vient. Plus tard. Quand les clameurs se sont tues. Quand le temps du rêve, le temps des fantasmes est arrivé. Quand les oiseaux ont quitté le nid.
Mais les Romeo et Juliette cacochymes et catarrheux ne sont pas présentables. A peine trouvent grâce aux yeux des scribes quelques sexagénaires, adolescents attardés « rêvant » d'une vie de couple !
On ne fait pas de la bonne littérature sans l'image d'Epinal de deux beaux corps enlacés, ni sans ces interminables baisers hollywoodiens qui ne sont que les prémices à l'accouplement.

Et pourtant le vrai amour, celui qui dans la jeunesse n'est que virtuel, imaginaire, il existe ! mais il répond à des conditions nécessaires et parfois insuffisantes.

De nos pulsions bestiales, un jour il ne nous reste qu'un bilan, des rencontres, des ruptures, des trahisons, des dépenses inutiles.

Mais il en reste aussi des empreintes dans nos gènes. Pour moi celle du chasseur est intacte. Idem celle du séducteur. La femme devient essentielle et trouve sa vraie place : le désir. Celui-ci devient obsessionnel. La libido est le baromètre de notre vie, le sexe un passe-temps thérapeutique qui nous pousse à être en forme, à rester présentable.

Alors l'amour est un plus. Faire l'amour en étant amoureux c'est le top. Etre amoureux souvent c'est encore mieux. Romeo a soixante ans et plus si affinités. Encore faut-il avoir de la bonne literie, ou une belle plage déserte, fini le temps où on baisait dans une 2CV ! La souplesse s'en est allée !

Oui, je le pense, l'amour n'est pas à la portée de toutes les bourses.

Rosée du matin

Tu es la rosée du matin
Qui adoucit l'hiver stérile
Et te donne un si joli teint
Qui nourrit mes pensées futiles

Ce dernier jour clôt un passé
L'aube demain va l'effacer
Cette année si tu prends ma main
Trouve l'amour sur ton chemin

S'agitent mes rêves insensés
Et tu danses dans mes pensées
Jette un regard sur la mer
Peut-être y verras-tu …plus clair

L'Automne est là…

J'aime ce temps doux comme une peau de métisse et cette humidité tout juste vaporisée, rosée de la nuit, comme si l'été essuyait d'un revers de main sa transpiration des canicules passées.
J'aime ces plantes qui résistent encore aux frimas, qui sentent que leur sève se fait rare, comme de vieux beaux en quête d'une dernière aventure elles osent éclore d'une fleur, une ultime fleur, un au revoir à la grande lumière.
Déjà les épineux et arbustes à baies se vengent et préparent leur retour : l'églantine et les arbousiers rosissent d'aise, se parent de colliers de couleurs, se moquent des fleurs triomphantes de l'été qui flétrissent sur leurs branches courbées…
Les jeunes femmes ont perdu leur sourire de vacance, leur sourire d'attirance, leur sourire d'insouciance. Sur le chemin de leur vie banale, elles n'ont plus que le souvenir du soleil, des rires, du régime crétois ou des produits du terroir.
Elles ont remis leur robes grises et marrons, troqué ces shorts moulant comme des papillotes, contre d'austères pantalons, caché pour de longs mois tout ce qui pouvait faire penser au plaisir et même à la joie de vivre, simplement.

Comme l'automne l'ennui s'est invité dans ce monde qui se refuse aux joies simples. Dehors aussi la vie s'organise pour passer le temps.
Les fourmis s'empressent d'engranger quelques dernières miettes avant l'hiver, d'autres profitent des sols meubles, imprégnés des premières pluies pour aménager quelques pièces supplémentaires. Les cloportes se roulent en boule. Les guêpes sont lourdaudes, comme saoules, et n'ont même plus le courage de piquer.
Les insectes sentent bien que les premiers merles, les premières mésanges vont arriver de plus bas, que le danger sera partout.
Les glands tombent des chênes, majestueux distributeurs automatiques pour les sangliers errants. Les chiens ont humidifié leurs truffes, la traque commence. Toi aussi tu viens la nuit tombée, entre chien et loup, tu ne dis rien. Tu ne sais pas s'il faut en rire ou en pleurer. Tu te love dans mes bras et tu recherches la chaleur du nid. Tu sais que nous sommes bien parce que nos sens s'irriguent de simples petits bonheurs. Tu n'as pas envie de partir et moi je voudrais me réveiller demain.
L'humidité nous gagne. Il faudra bientôt allumer le feu. Dehors le ciel se couvre de nuages. Les sous-bois se décorent de champignons que la nature copie dans les dessins animés de Walt Disney. Ceux qui ne sont pas beaux sont comestibles. C'est souvent le cas dans la vie.
J'aime cette saison où la tristesse permet l'espoir. Où l'on peut se consacrer à l'essentiel. Où on peut aimer tranquille.

Tu es là, pas loin et ta rosée me tente.

Tu m'en diras tant

Tu m'en diras tant

Dis-moi tant et plus

Tu mentiras tant

Que tout ça m'amuse

Ah tu savais tout

Ma curieuse muse

Chantera partout

Que je ne m'abuse

Un chant délirant

Du plus bel effet

Pour les êtres errants

Farfadets et fées

Tu es fou...

Cela dit avec un sourire et un hochement de tête....
J'adore quand tu me dis ça !!!
Tu es fou...

De toi ? sans doute !
Mais surtout fou, quand je pense avoir trouvé...
Je te le dis ... tu sais on devrait, ils auraient dû, peut être qu'un jour... Tu me regardes avec indulgence et tu me dis :
Tu es fou...

Depuis que tu as compris qu'il n'y a qu'un pas du rêve à la folie tu me pardonne, car les fous ne sont pas condamnés...
De mes pensées que je n'ose offrir qu'à toi, de peur de me faire rabrouer par un malfaisant, de mes pensées invraisemblables et imprévisibles, je n'attends pas de commentaires, seulement ...

Tu es fou....
C'est pour cela que je me réveille avec les ombres en noir et blanc de la nuit, que je les colore de la douceur de ton teint, de la soie de ta peau, de la profondeur de tes yeux,
Je te prends dans mes bras et tu me dis :

Tu es fou...

Sociologie du bar populaire

Il est une institution plus utile que le ministère de la culture, c'est le bar populaire. Le bar de NANDO à ALGHERO ne ressemble à rien. Pas d'enseigne, pas de devanture. Juste une terrasse surélevée sur la rue, où viennent s'accouder les fumeurs. Ce soir les habitués sont là. NANDO aussi. Nous sommes trois représentants des classes moyennes, caution « intellectuelle », Gianni et moi-même, et, de passage, un carabinier en civil, enfant du quartier, en pèlerinage.

Le petit peuple s'empresse et s'agglutine autour du plus loquace, composant trois groupes. Ma maîtrise de l'Italien ne me permet que de saisir le sens général des conversations. Dans ce monde de bas de tableau, GIANNI et moi, ainsi que le Carabinier, bien rasés et vêtus de propre, sommes des références.

Chacun veut nous parler et nous offrir un verre. Je n'ai toujours pas compris comment NANDO fait recette. De temps en temps une ombre donne un billet, NANDO rend quelques pièces et le compte est bon.
Le bar est un club où chacun cotise librement.

Les discussions portent sur les problèmes quotidiens, un peu sur le calcio, jamais sur la politique.

173

Seul NANDO a le droit et le devoir d'informer, d'analyser et de conclure sur les problèmes institutionnels et la chose publique.

Le peuple a ses domaines de compétence : la gamine qui se drogue, le prix des cigarettes, la mamma qui est à l'hôpital, Stefano qui a trouvé un emploi.... PAOLO travaille dans une société de distribution de gaz. Il a une salopette neuve et un écusson doré. Il monte dans les étages des immeubles cossus et se doit d'être présentable. Son apparence lui vaut d'être écouté. D'autant que ses histoires sont toujours croustillantes et éclairent d'un jour nouveau la vie des appartements bourgeois aux heures creuses de l'après- midi. A l'entendre la ville est peuplée de créatures en déshabillés de soie, fleurant le Shalimar, repoudrées et accueillantes pour le beau Paolo. Dépassé le mythe de la ménagère de 50 ans regardant TF1 en repassant !!!

Comme dit SILVANA : « l'Algherese parle fort » ! C'est vrai au début je pensais qu'ils s'engueulaient, non, ils devisaient !!!

Cette fonction du bar, soupape entre le travail, ou le désœuvrement, et le domicile, est d'être l'exutoire où se brisent les rancœurs et les frustrations. L'alcool n'est qu'un adjuvant. Avant les solitudes des soirées télévisées et après le stress d'un travail stupide, le bar est le lieu d'échange où personne ne te juge., où règne l'égalité et une forme de fraternité.

NANDO est comme le Christ du pain de sucre. Il n'écoute pas. Il connait l'histoire par cœur. Je m'attends à ce qu'il écarte les bras et bénisse ses ouailles. Mais il sourit et assure la continuité du service.

Parfois une épouse avec un bébé aux yeux brillants s'aventure pour saluer le groupe.
Les travailleurs hirsutes aux visages burinés, aux mains rugueuses d'avoir manipulé pelles et balais, aux haleines pesantes, veulent tous s'approcher du bébé que la maman protège du mieux qu'elle peut. Le bar s'imprègne soudainement d'humanité, de sourires aux dents jaunes et du parfum de talc et d'eau de Cologne.

La mamma repart entrainant dans son sillage le géniteur, ravi de l'effet produit par sa progéniture sur le groupe.
Les conversations reprennent. Gianni et moi avons payé notre obole. Il se fait tard. Les silences l'emportent sur les voix éraillées et puissantes. Le bar va fermer.

Pensées

Je ne pourrais pas être homophobe : J'aime tellement les femmes que si j'en avais été une, j'aurais surement été Lesbienne.

La beauté intérieure est ce qui reste quand la beauté tout court s'en est allé.

Ma belle amie me quitte parce que j'ai un peu de ventre, un peu trop même : Sa nature a horreur du bide.

La Corse est une Ile convoitée par les Sarazins. Abbé RENUCCI 1733.

Dans notre Ile, pour contenir l'expansion de l'Islam radical nous laissons les cochons divaguer.

Dans la charcuterie nustrale la saumure éloigne la mouche, le figatellu éloigne le pinzutu

Il est temps d'instaurer la Co officialité des langues Corse et Française : combien de gens de bonne compagnie sont morts pour n'avoir pas compris les sommations.

Pasquale PAOLI a instauré l'école laïque et l'immaculée conception.

Elle était longue comme une nuit sans fin, quelques aspérités judicieusement placées permettaient de la grimper sans efforts.

La Corse s'enfonce lentement dans la mer, l'appât du gain mine les âmes, l'espoir de l'ile heureuse s'efface. UTOPIA fait place à l'ATLANTIDE

Je suis tellement féministe que je ne peux pas m'en passer : En revanche leur présence constante à mes côtés me pèse. J'ai peur qu'à forte dose je n'en arrive à ne plus les supporter.

Je suis atteint d'une maladie mortelle : la vieillesse ! je vais passer mes derniers instants dans le stupre et la fornication, où pour le moins, à faire ripaille et feu de tout bois.

Je voudrais bien expérimenter en situation le fait que l'argent ne fait pas le bonheur. En tout cas, pour ce qui est du manque d'argent, je confirme.

La vie culturelle en Corse, l'agora, le centre du monde est le centre commercial : quand le désœuvrement et l'ennui le gagnent, il se rend machinalement au centre commercial, où il croise d'autres angoisses.

Le gecko

Le gecko curieux et griffu
Postérise mon mur nu
Créature céleste anachronique
Aux pattes élastiques

Ainsi en est-il des fugaces amours
Lierres attachés qui meurent le jour
Laissant le lin humide
De touchés trop rapides

Je ne décolle, ni ne m'envole
De ce stupide jeu de rôle
Qui attendra l'aube nouvelle ?
Le suc baveux de l'irréel

Gecko collé qui me salue
Patte immobile et digitale
Témoin de mon éveil ému
Et de mes aigres-doux râles

L'Amicizia

L'amitié superficielle est le suc de mes jours heureux. En distillant en moi l'insouciance, elle me comble plus qu'une maîtresse bienveillante.
Hier soir Gianni m'a présenté NANDO, dans un bar improbable d'un quartier populaire d'Alghero. Je ne sais ce qui s'est passé mais NANDO m'a immédiatement souri puis serré dans ses bras comme si je revenais de la guerre.
La suite fut une série de libations à la santé de notre amitié instantanée, où l'amertume du Campari faisait ressortir la bienveillance des propos.
J'ai immédiatement compris que NANDO serait mon ami superficiel.
Avec lui, pas besoin de longs discours puisque nous sommes d'accord sur tout et par avance pour la bonne marche du monde !!!
Berlusconi, il cavaliere ?? il fait de bonnes choses pour l'Italie et pour le Milano. Et un mec qui aime autant les femmes du peuple ne peut pas être fondamentalement mauvais.
Je suis d'accord.
Les prêtres pédophiles ?? Que les parents surveillent leurs enfants ! ça n'arrivera pas
Le réchauffement de la planète ?? Luttons, buvons frais ! Le bar bruisse d'aise. Tous les habitués sont là qui ne manquent pas de venir saluer NANDO. Eux aussi sont gagnés par l'insouciance : certes il y a de l'alcool et de

179

la bière qui euphorisent ces organismes déjà fatigués par le travail.

Mais NANDO est là, gigantesque, rassurant, prêt à garantir à chacun un monde meilleur : oui, mais pour quand ? L'heure avance. Le monde, non. Le temps s'est arrêté. NANDO me sourit encore et toujours, et je sais que mon « parler Italien » balbutiant lui a suffi pour me comprendre. Je ne vaux pas plus que ces ombres accrochées au comptoir de leurs rêves mais j'ai gagné un ami : On ne se doit rien, même pas une tournée. A domani NANDO.

L'Amicizia

L'amicizia è il succo di superficiale dei miei giorni felici. Dalla distillazione delle temerarietà in me, mi riempie più di una amanta benevola.
Ieri sera sono stato presentato a Gianni NANDO, improbabile in un bar di un quartiere popolare di Alghero.
Io non so cosa sia successo ma ho NANDO subito sorrise e abbracciò come se fossi di ritorno dalla guerra.
Il risultato fu una serie di libagioni per la salute della nostra amicizia istantanea, dove l'amarezza di Campari ha fatto uscire la gentilezza del commento.
Ho subito capito che il mio amico superficiale sarebbe NANDO.
Con lui, senza bisogno di lunghi discorsi, perché siamo d'accordo su tutto e in anticipo per il buon funzionamento del mondo!
Berlusconi, il cavaliere? fa le cose buone per l'Italia e per Milano. E un ragazzo che ama le donne del popolo non posso essere fondamentalmente sbagliato. Sono d'accordo.
Preti pedofili? Che i genitori controllare i propri figli! non accadrà Il riscaldamento globale? Lotta, bibita fresca! Il bar è in fermento con piacere. Tutti i clienti abituali ci sono che non mancano di salutare Nando. Anche loro sono guadagnati l'incuria, naturalmente, c'è l'alcol e la birra euforisante che queste organizzazioni già stanco dal lavoro.

181

NANDO ma c'è enorme, rassicurante, pronto a garantire a tutti un mondo migliore: ma quando?
Il tempo stringe. Il mondo no. Il tempo si fermò. NANDO mi sorrise ancora e ancora, e so che il mio "parlare italiano" balbettio era abbastanza per me da capire. Io non sono più di queste ombre appeso sopra il contatore dei loro sogni, ma mi ha donato un amico: Dobbiamo fare nulla, nemmeno un giro. NANDO a domani.

Appendice

Voilà venu le temps de la contrition…

Je demande pardon à tous ceux et celles que j'ai égratigné(e))s, ma méchanceté au service de la dérision, ne s'est pas atténuée au fil des ans.

La sagesse, que d'aucuns prédisent aux vieillards, ne m'a pas atteint.

Je vois la vie comme un truc assez sympa.

Je place l'amitié au-dessus de l'amour, sauf pour les ruptures, qui, en amour, sont plus coûteuses et parfois plus douloureuses.

Les gens que je rencontre sont très sympa, surtout les pauvres, bien que tous les riches ne soient pas des voleurs, tout au plus des égoïstes.

Certains même sont généreux et partagent avec moi leur table et même pour certains, leur femme.

Comme tous les autres, je ne verrai pas le monde dont j'ai rêvé, mes veuves ne seront pas éplorées, ayant assuré leurs besoins élémentaires.

Je laisse tout ce que j'ai à mes enfants, c'est-à-dire rien, un bon souvenir tout au plus.

© 2016, Gilbert Terrisse

Edition : BoD - Books on Demand
12/14 rond-point des Champs Elysées, 75008 Paris
Imprimé par Books on Demand GmbH, Norderstedt, Allemagne
ISBN : 9782810627905
Dépôt légal : Juin 2016